중국어와 친해지는

기초
다지기

초급 중국어 ❷

중국어와 친해지는

기초 다지기 초급 중국어 ❷

인 쇄 일   2011년 7월 15일
발 행 일   2011년 8월 1일

저   자   孙文娟, 廉竹钧, 全春花, 洪凯云, 陈睿婷, 郑匡宇 공저
발 행 인   윤우상
책 임 편 집   최준명, 윤병호
표 지 디자인   Design Didot 디자인디도
발 행 처   송산출판사
주   소   서울특별시 서대문구 홍제2동 104-6번지
전   화   (02) 735-6189
팩   스   (02) 737-2260
홈 페 이 지   http://www.songsanpub.co.kr
등 록 일 자   1976년 2월 2일. 제 9-40호

ISBN   978-89-7780-169-1   13720

중국어와 친해지는

기초 다지기

초급 중국어 ②

孙文娟, 廉竹钧, 全春花
洪凯云, 陈睿婷, 郑匡宇 공저

송산출판사

머리말

　세 권으로 한 세트 된 초급 중국어 교재는 홍익대학교 조치원 캠퍼스 교양 중국어 원어민 선생님들의 협력으로 심혈을 기울여 완성한 저서입니다. 또한, 선생님들의 다년 간 중국어 교육경험을 바탕으로 현재 사용 중인 중국어 교재를 보완하였고, 중국어를 공부하는 한국 학생이나 자습을 하는 모든 사람들에게 한어능력평가(HSK)를 응시 할 수 있게 만든 전문적인 교재이기도 합니다.

　현재 시중에 나와 있는 중국어 교재를 보면 중국어 전공을 하는 학생들을 대상으로 편저 된 책들이 대부분이며, 책 마다 편중한 부분이 있고 학생들은 각기 다른 중점을 둔 교재를 통해 중국어에 대한 전면적인 학습을 할 수 있게 되어 있습니다. 그러나 전 공교재 외 비 전공을 하는 학생이나 사람들이 교양, 수업, 이수, 학습할 수 있는 저서 는 그리 많지 않습니다. 이런 수요를 착안해서 편저된 이 교재는 널리 자료를 인용하 고, 여러 전문지식에 접근하여 쉬운 부분부터 시작해서 깊이 있는 부분까지 중국어의 기본 어법과 어휘를 소개하였으며, 게다가 과 마다 반복된 연습은 단어나 어법, 그리고 문장형태를 더욱 긴밀하게 연관시켰습니다. 이 책 한 권의 요점을 잘 학습하여 파악한 다면 HSK 三級 시험은 통과 할 수 있다고 생각이 되며, 일상생활에서도 많이 활용 할 수 있다고 생각합니다.

　더불어 이 교재는 시대흐름과 같이 나아 갈 수 있는 교재이며, 학생들이 대부분 매일 사용할 생활 단어, 예를 들면, 인터넷을 이용해서 자료 찾기, E-mail 사용하기, 휴대폰 전화번호 묻기 등을 포함하고 있습니다. 학생들의 학습에 대한 열정과 흥미를 자극시켜 중국어 말하기와 사용하기를 생활의 일부가 될 수 있도록 즐겁고도 실용적인 분위기에 서 자신의 중국어실력을 향상시키게 할 수 있도록 하였습니다.

이 교재는 여러 편집 선생님들의 노력 아래에서 두 학기를 거쳐, 실전 강의를 통해서 부족한 점을 보완하여 수정했지만 완벽한 교재는 아니라고 생각합니다. 그러므로 훌륭한 여러 교수님들의 아낌없는 편달 및 시정과 학생들의 건의를 겸허하게 기다리며, 개정 출판할 때 더욱 완전한 내용으로 보완하겠으며, 보다 더 중국어 교육에 노력하고 매진하겠습니다.

目录

第一课 最近怎么样?   9
* 挺……的
* 수사 + 양사 + 명사
* '认识' 와 '知道'

第二课 周末你常做什么?   19
* '跟' 을 사용하는 비교문
* '还是' 와 '或者'
* 동사중첩

第三课 你们学校在什么地方?   29
* 방위사
* 존재의 표현 '在', '有', '是'

第四课 你在做什么呢?   39
* 동작의 진행 '正', '在', '正在'
* '怎么' + 동사
* 능원동사 '要' 와 '想'

第五课 您能给我们拍张照片吗?   49
* 이중목적어
* 단순방향보어

第六课 有短一点儿的吗?   59
* '的' 자구
* '一点儿' 와 '有(一)点儿'
* A是A, 可是……
* 不A不B

第七课 我明天要回首尔了   69
* 要……了
* '在', '去', '来', '到' 의 목적어와 '这儿', '那儿'
* 一……就……
* '别' 과 '不要'
* 반어문 '怎么能……呢?'

第八课　外面下雨了　　79
* 어기조사 '了'
* '再' 와 '又'

第九课　你怎么了?　　89
* 동태조사 '了'
* 능원동사 '能' 과 '会'

第十课　你去过爱宝乐园吗?　　99
* 동태조사 '过'
* 是……的
* 숫자 + '多'
* 如果

第十一课　去颐和园怎么走?　　109
* 전치사 '离', '从', '往'
* 先……然后……

第十二课　我们去旅行吧!　　119
* 결과보어
* 형용사중첩
* 구조조사 '地'
* '比' 자문(1)
* 两天

본문 번역 & 정답 및 해설　　129

2권 색인　　137

1권 색인　　141

第一课

最近怎么样？

▶▶ 生词 단어

挺	tǐng	부	매우, 아주
还可以	háikěyǐ		나쁘지 않다, 괜찮다
就是	jiùshì	접	~뿐이다
比较	bǐjiào	부	비교적
顺利	shùnlì	형	순조롭다
知道	zhīdao	동	알다
拜访	bàifǎng	동	방문하다
东西	dōngxi	명	물건
呢	ne	조	의문문의 끝에 쓰여 의문의 어기를 나타냄
束	shù	양	묶음, 다발
花	huā	명	꽃
盒	hé	양	박스, 케이스
还是	háishi	접	아니면
		부	여전히, 그래도 ; ~하는 편이 좋다
主意	zhǔyi	명	방법, 아이디어, 생각
互相	hùxiāng	부	서로, 상호
问候	wènhòu	동	안부를 묻다, 문안을 드리다
本	běn	양	권(책을 세는 양사)
杯	bēi	양	잔, 컵
支	zhī	양	자루(연필 등 필기류를 세는 양사)
这个	zhège	대	이, 이것

会话 회화

金英美： 好久 不 见! 最近 怎么样?
　　　　 Hǎojiǔ bú jiàn! Zuìjìn zěnmeyàng?

张东明： 挺 好 的。你 呢?
　　　　 Tǐng hǎo de. Nǐ ne?

金英美： 还可以，就是 比较 忙。
　　　　 Háikěyǐ, jiùshì bǐjiào máng.

张东明： 学习 顺利 吗?
　　　　 Xuéxí shùnlì ma?

金英美： 很 顺利。
　　　　 Hěn shùnlì.

张东明： 对了，你 认识 王 老师 吗?
　　　　 Duìle, nǐ rènshi Wáng lǎoshī ma?

金英美： 认识。
　　　　 Rènshi.

张东明： 你 知道 她 住 哪儿 吗?
　　　　 Nǐ zhīdao tā zhù nǎr ma?

金英美： 知道。在 我们 学校 附近。
　　　　 Zhīdao. Zài wǒmen xuéxiào fùjìn.

张东明： 你 明天 有 时间 吗?
　　　　 Nǐ míngtiān yǒu shíjiān ma?

金英美： 有。有 事儿 吗?
　　　　 Yǒu. Yǒu shìr ma?

张东明： 明天 我们 一起 去 拜访 王 老师 怎么样?
　　　　 Míngtiān wǒmen yìqǐ qù bàifǎng Wáng lǎoshī zěnmeyàng?

金英美： 好! 我们 买 点儿 什么 东西 呢? 买 束 花 还是
　　　　 Hǎo! Wǒmen mǎi diǎnr shénme dōngxi ne? Mǎi shù huā háishi
　　　　 买 盒 水果?
　　　　 mǎi hé shuǐguǒ?

张东明： 买 一 盒 水果 吧。
　　　　 Mǎi yì hé shuǐguǒ ba.

金英美： 好 主意!
　　　　 Hǎo zhǔyi!

金英美 和 张东明 互相 问候，他们 都 挺 好 的。金
Jīn Yīngměi hé Zhāng Dōngmíng hùxiāng wènhòu, tāmen dōu tǐng hǎo de. Jīn

英美 学习 很 顺利，就是 比较 忙。他们 都 认识 王 老师，明
Yīngměi xuéxí hěn shùnlì, jiùshì bǐjiào máng. Tāmen dōu rènshi Wáng lǎoshī, míng

天 他们 有 时间，要 买 盒 水果 一起 去 拜访 王 老师。
tiān tāmen yǒu shíjiān, yào mǎi hé shuǐguǒ yìqǐ qù bàifǎng Wáng lǎoshī.

1. 挺……的

'挺' 와 '的' 사이에 형용사나 심리동사를 넣으면 정도가 비교적 높다는 것을 나타낸다.

예: 他们都挺好的。

这本书他挺喜欢的。

2. 수사+양사+명사

중국어에서 수사는 원칙적으로 명사를 직접 수식할 수 없으며, 수사와 명사 사이에 반드시 양사를 붙여야만 사용할 수 있다. 이러한 양사에 대한 명사의 선택은 임의로 사용할 수 없다. 그 중 양사를 사용한 유형은 다음과 같다.

수사	양사	명사	수사+양사+명사
一	个	东西	一 个 东西
两	位/ 个	老师	两 位 老师
三	口/ 个	人	三 口 人
四	盒/ 斤	水果	四 盒 水果
五	杯	茶	五 杯 茶
六	碗	炸酱面	六 碗 炸酱面
七	盘	炒饭	七 盘 炒饭
八	本	书	八 本 书
九	束	花	九 束 花
十	支	笔	十 支 笔

3. '认识' 와 '知道'

'认识' 는 일반적으로 사람이나 글자 또는 길을 안다고 할 때 사용하며, '知道' 는 사물이나 사실을 안다고 할 때 사용한다. 단 '知道' 는 어떠한 사실이나 정답을 안다는 의미며, '认识' 는 '인식하다', '알아보다' 라는 뜻을 나타내기 때문에 '我知道小王这个人, 不过(búguò 그렇지만)不认识他。' 같은 표현도 쓸 수 있는 것이다.

예: 我认识王老师。

你知道她住哪儿吗?

练习 연습

一. 朗读 낭독

挺大的	挺小的	挺好吃的	挺好喝的
比较多	比较少	比较贵	比较便宜
拜访朋友	拜访老师	拜访王先生	拜访张老板
我认识张老师	她认识李小姐	我认识这个字	他认识银行职员
我知道这个人	她知道我的名字	我知道她的地址	哥哥知道他的电话号码

二. 替换练习 교체연습

1. 他们都挺 好 的。
   忙
   累
   饿
   渴

2. 买 一盒水果 吧。
   一束花
   两本书
   三支笔
   四碗炸酱面

补充生词 보충단어

累	lèi	형	피곤하다
渴	kě	형	목마르다

三. 填空 빈칸 채우기

（一）填量词 양사로 빈칸 채우기

一＿＿＿＿水果　　两＿＿＿＿老师　　三＿＿＿＿人　　四＿＿＿＿月

五＿＿＿花　　六＿＿＿＿炸酱面　　七＿＿＿＿炒饭

八＿＿＿苹果　　九＿＿＿＿词典　　十＿＿＿＿笔

（二）选词填空 알맞은 단어를 선택하세요.

（就是　　知道　　顺利　　挺　　认识　　比较 ）

1. 她做的菜＿＿＿好吃的。

2. 最近苹果_____贵，一斤五块。

3. 好久不见，最近工作_____吗?

4. 你_____他的爱好吗?

5. 你_____小王吗?

6. 这个梨很好吃，_____比较贵。

四. 排序 문장 순서 배열

1. a 他们　　　b 认识　　　c 金英美　　　d 都
2. a 最近　　　b 忙　　　c 她　　　d 比较
3. a 附近　　　b 公司　　　c 我家　　　d 在　　　e 她的
4. a 咖啡　　　b 喝　　　c 喝　　　d 茶　　　e 还是
5. a 哪儿　　　b 住　　　c 我　　　d 他　　　e 知道

五. 翻译 번역

1. 요즘 어떻습니까?

2. 이 책은 괜찮습니다.

3. 공부 잘 되갑니까?

4. 왕 선생님을 아십니까?

5. 꽃 한 다발 사시죠?

6. 그녀가 어디 사시는지 아십니까?

六. 听写　듣고 쓰기

　　金英美和张东明互相问候，他们都_____好的。金英美学习很_____，就是比较忙。他们都_____王老师，明天他们有时间，要买____水果一起去_____王老师。

七. 你问我答 물음에 답하세요.

1. 好久不见, 你最近怎么样?
2. 你学习怎么样?
3. 你认识王老师吗?
4. 你知道她住哪儿吗?
5. 你明天有什么事儿?
6. 你明天什么时候有时间?
7. 明天我们去拜访王老师怎么样?
8. 你觉得买什么好呢?

送礼文化 선물 문화

  중국에서 결혼하는 신랑 신부에게는 대추(枣子 zǎozi), 땅콩(花生 huāshēng), 계원(桂圆 guìyuán), 연화씨(莲子 liánzǐ)를 선물한다. 왜냐하면, '枣', '生', '桂', '子' 이 네 글자를 연결하면, '早生贵子(빨리 아기를 출산해라)'와 발음이 똑같기 때문이다. 또한 노인에게는 '시계'를, 부부에게는 '梨 lí (배)'를 선물하지 않는다. 그 이유는 '送钟 (sòngzhōng 시계를 선물하는 것)'과 '送终 (sòngzhōng 장례를 치르는 것)' 그리고 '梨 (lí 배)'와 '离 (lí 이별)'가 모두 발음이 같기 때문이다.

  축의금을 한국에서는 흰색 봉투에 넣어서 주지만, 중국에서는 붉은색 봉투에 넣어서 준다. 중국에서 흰 봉투를 사용하는 것은 장례 등 부의금을 낼 때 사용하는 것 이다. 중국에서는 보통 '红事 (hóngshì)'와 '白事 (báishì)'로 구분하는데 '红事'는 결혼식, 생일, 이사 등과 같이 경축하는 일을 의미하고 '白事'는 장례를 뜻하기 때문이다. 그 외에도 집들이 할 때, 한국에서는 화장지, 비누, 세제 등 일상생활용품을 선물하지만, 중국에서는 보통 도자기, 그림, 공예품, 실내 장식품 등을 선물한다.

第二课

周末你常做什么？

▶▶ 生词 단어

周末	zhōumò	명	주말
运动	yùndòng	동	운동하다
		명	운동
看	kàn	동	보다; ~라고 여기다
电影	diànyǐng	명	영화
有时候	yǒushíhou	부	어떤 때에는, 가끔, 때때로
打	dǎ	동	때리다, 치다; (전화를) 걸다
网球	wǎngqiú	명	테니스
很少	hěnshǎo	부	드물다
里	lǐ	명	안, 속
电视	diànshì	명	텔레비전
休息	xiūxi	동	쉬다
见面	jiànmiàn	동	만나다
聊天	liáotiān	동	이야기를 나누다, 한담하다
聊	liáo	동	한담하다, 잡담하다
什么的	shénmede	조	등등 (하나의 성분이나 몇 개의 병렬성분 뒤에 쓰임)
女孩子	nǚháizi	명	여자아이, 소녀
男孩子	nánháizi	명	사내아이, 소년
啊	a	조	문장 끝에 쓰여 긍정, 감탄, 찬탄을 나타냄
就	jiù	부	확고함을 나타냄
跟	gēn	접	~와/과
一样	yíyàng	형	같다, 동일하다
或者	huòzhě	접	혹은

金英美： 周末 你 常常 做 什么？
Zhōumò nǐ chángcháng zuò shénme?

张东明： 我 常 运动，也 常 和 朋友 一起 去 看
Wǒ cháng yùndòng, yě cháng hé péngyou yìqǐ qù kàn
电影。
diànyǐng.

金英美： 你 常 做 什么 运动？
Nǐ cháng zuò shénme yùndòng?

张东明： 有时候 打 网球，有时候 游泳。你 呢？
Yǒushíhou dǎ wǎngqiú, yǒushíhou yóuyǒng. Nǐ ne?

金英美： 我 不 常 运动，也 很少 看 电影。
Wǒ bù cháng yùndòng, yě hěnshǎo kàn diànyǐng.

张东明： 周末 你 都 做 什么 呢？
Zhōumò nǐ dōu zuò shénme ne?

金英美： 在 家 里 看看 电视、休息 休息。
Zài jiā li kànkan diànshì, xiūxi xiūxi.

张东明： 周末 你 不 和 朋友 玩儿 吗？
Zhōumò nǐ bù hé péngyou wánr ma?

金英美： 我 也 常 和 朋友 见见 面、聊聊 天、逛
Wǒ yě cháng hé péngyou jiànjian miàn、liáoliao tiān、guàng
逛 街 什么的。
guang jiē shénmede.

张东明： 你们 女孩子 挺 喜欢 逛 街 的。
Nǐmen nǚháizi tǐng xǐhuan guàng jiē de.

金英美： 是 啊，就 跟 男孩子 喜欢 运动 一样。
Shì a, jiù gēn nánháizi xǐhuan yùndòng yíyàng.

周末，　张　东明　常　运动　和　看　电影。他　有时候　打
Zhōumò, Zhāng Dōngmíng cháng yùndòng hé kàn diànyǐng. Tā yǒushíhou dǎ

网球，　有时候　游泳。女孩子　跟　男孩子　不　一样，金　英美　喜
wǎngqiú, yǒushíhou yóuyǒng. Nǚháizi gēn nánháizi bù yíyàng, Jīn Yīngměi xǐ

欢　在　家　里　看　电视、休息，或者　和　朋友　见面、聊天、逛
huan zài jiā li kàn diànshì、xiūxi, huòzhě hé péngyou jiànmiàn、liáotiān、guàng

街　什么的。
jiē shénmede.

1. '跟'을 사용하는 비교문

A와 B가 같다 라는 대등관계를 표현 하려면 'A跟B一样'의 문형을 사용한다. 부정형은 'A跟B不一样'을 사용한다.

A + 跟 (和) + B + 一样

예: 中国白酒　和　韩国白酒　一样 吗?

A + 跟 (和) + B + (不) + 一样

예: 女孩子　跟　男孩子　不　一样。

2. '还是'와 '或者'

'还是'와 '或者'는 모두 '혹은'의 뜻을 갖고 있지만 용법은 다르다. '还是'는 선택의문문에 사용되며, '或者'는 평서문에 사용된다. 'A还是B' 형식으로 A와B 둘 중 하나를 선택하도록 대답하는 의문문을 선택 의문문이라고 한다.

예: 我们买束花还是买盒水果呢?

　　喝茶或者喝咖啡都可以。

3. 동사 중첩

동작을 나타내는 동사는 중첩형식으로 사용할 수 있다. 동사를 중첩함으로써 동작의 시간이 짧다든지, 동작을 가볍게 또는 그 동작을 시험 삼아 좀 해본다는 뜻을 나타낸다. 단음절 동사인 경우에는 동사 사이에 '一'를 삽입해도 되며, 뜻은 마찬가지이다. 동사의 중첩형의 유형은 다음과 같다.

단음절 동사	A(一) A	看 (一) 看书 见 (一) 见面
이음절 동사	ABAB	休息休息 学习学习
	AAB	聊聊天 逛逛街

一. 朗读 낭독

常打电话	常玩游戏	常喝啤酒	常去北京
很少运动	很少上网	很少看电影	很少回中国
你去或者我去	喝茶或者咖啡	去银行或者邮局	给小王或者小张
买书还是词典	去逛街还是唱歌	是你的还是我的	要休息还是学习
这个跟那个一样	英文和英语一样	书跟词典不一样	男人和女人不一样

二. 替换练习 교체연습

1. 有时候 <u>打网球</u>， 有时候 <u>游泳</u>。

   看书　　　　　　　上网聊天

   去运动　　　　　　看电影

   踢足球　　　　　　在家里休息

2. 我也常和朋友 <u>见见面</u>、 <u>聊聊天</u> 什么的。

   吃吃饭　　逛逛街

   唱唱歌　　玩玩游戏

   听听音乐　看看电视

补充生词 보충단어

踢	tī	동	발길질하다
足球	zúqiú	명	축구, 축구공

三. 填空 빈칸 채우기

(或者　还是　一样　什么的　很少　聊天)

1. 男孩子_____逛街。

2. 你喜欢踢足球_____打网球?

3. 周末我休息_____学习。

4. 糖醋肉、炸酱面、炒饭_____，我都喜欢吃。

5. 她常和好朋友在网上_____。

6. 他的爱好跟我的_____，也是游泳。

四. 排序 문장 순서 배열

1. a 有时候　b 我　　　　c 周末　　d 回家

2. a 都　　　b 星期天　c 做　　　d 你　　　e 什么

3. a 常　　　b 什么　　c 你　　　d 做　　　e 运动

4. a 姐姐　　b 我　　　c 和　　　d 一起　　e 逛街　　f 喜欢

5. a 去　　　b 吗　　　c 不　　　d 你　　　e 明天　　f 学校

6. a 她　　　b 运动　　c 看　　　d 和　　　e 电影　　f 喜欢

五. 翻译 번역

1. 나는 주말에 자주 테니스를 칩니다.

2. 그녀는 집에서 쉬는 것을 좋아합니다.

3. 저는 영화를 자주 보지 않습니다.

4. 저도 자주 친구와 만납니다.

5. 주말에 쇼핑하러 가지 않습니까?

6. 여자 아이들은 남자 아이들과 같지 않습니다.

六. 听写　듣고 쓰기

　　周末，张东明常运动和_____。他有时候打网球，有时候_____。女孩子跟男孩子_____，金英美喜欢在家里看电视、休息，或者和朋友见面、_____、逛街什么的。

七. 你问我答　물음에 답하세요.

1. 周末你常常做什么?

2. 你常运动吗?

3. 你常做什么运动?

4. 你在家里都做什么?

5. 女孩子跟男孩子有什么不一样?

6. 你觉得去朋友家的时候买什么好?

7. 你认识她吗?

8. 你知道她喜欢做什么运动吗?

各种运动　각종 운동

打篮球

dǎ lánqiú

打排球

dǎ páiqiú

打棒球

dǎ bàngqiú

打网球

dǎ wǎngqiú

打台球

dǎ táiqiú

打乒乓球

dǎ pīngpāngqiú

打羽毛球

dǎ yǔmáoqiú

打高尔夫球

dǎ gāo'ěrfūqiú

打保龄球

dǎ bǎolíngqiú

踢足球

tī zúqiú

跳绳

tiàoshéng

跳健美操

tiào jiànměicāo

第三课

你们学校在什么地方？

▶▶ 生词 단어

地方	dìfang	명	장소
哪个	nǎge	대	어느 (것)
教学楼	jiàoxuélóu	명	교실 건물, 강의동
上课	shàngkè	동	수업하다, 강의하다
校园	xiàoyuán	명	캠퍼스, 교정
座	zuò	양	산, 건축물 등을 세는 양사
右边	yòubiān	명	오른쪽, 우측
白色	báisè	명	흰색, 백색
高	gāo	형	높다
办公楼	bàngōnglóu	명	행정사무동
对面	duìmiàn	명	맞은편, 건너편
学生会馆	xuéshēng huìguǎn	명	학생회관
前	qián	명	앞
当然	dāngrán	부	당연히, 물론
复印室	fùyìnshì	명	복사실
小卖部	xiǎomàibù	명	매점
中间	zhōngjiān	명	중간, 가운데
软件	ruǎnjiàn	명	소프트웨어
清楚	qīngchu	형	분명하다, 명백하다

▶▶ 专有名词 고유명사

人民公园	Rénmín gōngyuán		인민공원

金英美： 你们　学校　在　什么　地方？
　　　　Nǐmen xuéxiào zài shénme dìfang?

张东明： 在　　人民公园　　旁边。
　　　　Zài Rénmín gōngyuán pángbiān.

金英美： 你们　在　哪个　教学楼　上课？
　　　　Nǐmen zài nǎge jiàoxuélóu shàngkè?

张东明： 在　一　号　教学楼。
　　　　Zài yī hào jiàoxuélóu.

（在　校园　里）
（Zài xiàoyuán li）

金英美： 那　座　大　楼　是　一　号　教学楼　吗？
　　　　Nà zuò dà lóu shì yī hào jiàoxuélóu ma?

张东明： 对，是　一　号　教学楼。
　　　　Duì, shì yī hào jiàoxuélóu.

金英美： 右边　那　座　白色　的　高　楼　是　不　是　二　号　教
　　　　Yòubiān nà zuò báisè de gāo lóu shì bu shì èr hào jiào
　　　　学楼？
　　　　xuélóu?

张东明： 不　是，那　是　办公楼。　二　号　教学楼　在　一　号　教
　　　　Bú shì, nà shì bàngōnglóu. Èr hào jiàoxuélóu zài yī hào jiào
　　　　学楼　对面。
　　　　xuélóu duìmiàn.

（在　学生　会馆　前）
（Zài xuéshēng huìguǎn qián）

金英美： 学生　会馆　里　有　书店　吧？
　　　　Xuéshēng huìguǎn li yǒu shūdiàn ba?

张东明： 当然　有，在　二　楼，复印室　和　小卖部　中间。
　　　　Dāngrán yǒu, zài èr lóu, fùyìnshì hé xiǎomàibù zhōngjiān.

金英美： 书店　里　有　电脑　软件　吗？
　　　　Shūdiàn li yǒu diànnǎo ruǎnjiàn ma?

张东明： 这个　我　不太　清楚。
　　　　Zhège wǒ bútài qīngchu.

我们　　学校　在　　　人民公园　　　旁边。　我们　在 一 号　教学楼
Wǒmen　xuéxiào zài Rénmín gōngyuán pángbiān. Wǒmen　zài　yī　hào　jiàoxuélóu

上课。　一 号　教学楼　　右边　是　办公楼。　二 号　　教学楼　　在 一 号
shàngkè.　Yī　hào jiàoxuélóu　yòubiān shì bàngōnglóu.　Èr　hào　jiàoxuélóu　zài　yī　hào

教学楼　　对面。　学生　　会馆　二 楼 有　书店。　我 不太　清楚　书
jiàoxuélóu duìmiàn. Xuéshēng　huìguǎn　èr　lóu　yǒu　shūdiàn.　Wǒ　bútài　qīngchu　shū

店 里 有　没有　　电脑　软件。
diàn li　yǒu　méiyǒu　diànnǎo ruǎnjiàn.

1. 방위사

방위사는 명사의 일종으로 단독으로 사용할 수 있으며, '边/面(miàn)'을 붙여 복합 방위사를 구성하여 주어, 목적어, 관형어 등의 문장성분이 될 수 있다. 관형어로 쓰일 때는 일반적으로 '的'를 사용하여 중심어와 연결시킨다.

예: 我们学校在人民公园旁边。

前边的大楼是教学楼。

단순 방위사:

东(dōng 동쪽)　西(xī 서쪽)　南(nán 남쪽)　北(běi 북쪽)

上(shàng 위)　下(xià 아래)　左(zuǒ 왼쪽)　右(yòu 오른쪽)

前(qián 앞)　后(hòu 뒤)　里(lǐ 안)　外(wài 바깥)

예: 他们在学生会馆前。

합성 방위사:

东 西 南 北 上 下 左 右 前 后 里 外 ＋ 边/面

예: 一号教学楼右边是办公楼。

2. 존재의 표현 '在', '有', '是'

'在'는 어떤 사물의 장소 (처소나 방위)를 나타낸다. 일반적으로 주어는 사람이나 사물을 나타내는 명사이다.

사람/사물 ＋	在	＋ 장소

예: 二号教学楼　　　　在　　　一号教学楼对面。

金英美　　　　　　在　　　里边。

'有'는 어떤 처소나 방위에 어떤 사람이나 사물의 존재함을 나타낸다.

장소 ＋	(没)有	＋ 사람/사물

예: 公园前边　　　　有　　　一座高楼。

书店里　　　　　没有　　　人。

'是'는 어떤 장소에 어떤 사람 혹은 사물이 있다는 사실을 인지한 상태에서 그 어떤 사람이 '누구'이며, 사물이 '무엇'인지 정확히 설명하는 경우에만 사용한다.

장소   +   是 +   사람/사물

예: 一号教学楼右边　　　是　　　办公楼。

　　我旁边　　　　　　是　　　东明。

一. 朗读 낭독

东	南	西	北
前	后	左	右
书店右边	小卖部前边	图书馆南边	教学楼和食堂中间
在大楼里边	在学校对面	在我家外边	在宿舍楼旁边
有一本词典	有三本杂志	有一个朋友	有五位老师
北边是办公楼	后面是教学楼	我前面是王老师	他们中间是东明

二. 替换练习 교체연습

1. 学生会馆里有 <u>书店</u> 吧?
   银行
   邮局
   复印室
   小卖部

2. A: 你们学校在什么地方?
   B: 在 <u>人民公园</u> <u>旁边</u>。
   超市 前边
   医院 左边
   电影院 右边
   中国银行 后边

3. 一号教学楼 右边 是 <u>办公楼</u>。
   图书馆
   体育馆
   宿舍楼
   学生会馆

补充生词 보충단어

超市	chāoshì	명	수퍼마켓
电影院	diànyǐngyuàn	명	영화관

三. 填空 빈칸 채우기

(清楚　　中间　　是　　在　　座　　有)

1. 一号教学楼_____校园的东边。

2. 我们学校里_____五座教学楼。

3. 人民公园旁边_____我们学校。

4. 学生会馆对面的那_____楼就是图书馆。

5. 金英美坐在我和小张_____。

6. A：你们学校一共有多少学生？

　　B：这个我不太 _____。

四. 排序 문장 순서 배열

1. a 教学楼　　b 对面　　c 在　　　d 办公楼

2. a 学生会馆　b 书店　　c 里　　　d 有　　　　e 没有

3. a 时间　　　b 今天　　c 他　　　d 说　　　　e 没有

4. a 那座　　　b 白色的　c 是　　　d 学生会馆　e 高楼

5. a 我们　　　b 上课　　c 教学楼　d 一号　　　e 常　　　　f 在

6. a 我　　　　b 清楚　　c 不太　　d 有没有　　e 电脑软件　f 书店里

五. 翻译 번역

1. 당신들의 학교는 어디에 있습니까?

2. 당신은 어떤 강의동에서 자주 수업을 받습니까?

3. 서점에 컴퓨터 소프트웨어가 있습니까?

4. 우측은 강의동 입니다.

5. 서점은 복사실과 매점 사이에 있습니다.

6. 사무동은 학생회관의 맞은 편에 있습니다.

六. 听写　듣고 쓰기

我们学校在人民公园_____。我们在一号教学楼_____。一号教学楼右边是_____。二号教学楼在一号教学楼_____。学生会馆二楼有书店。我不太_____书店里有没有电脑软件。

七. 你问我答　물음에 답하세요.

1. 请问，你们学校在什么地方?

2. 你常在哪个教学楼上课?

3. 这座楼前面是什么楼?

4. 学生食堂在哪儿?

5. 这两座楼中间是什么地方?

6. 学生会馆里都有什么?

7. 你后面坐的是谁?

8. 你也跟他一样住学校宿舍吗?

学校校园　학교 캠퍼스

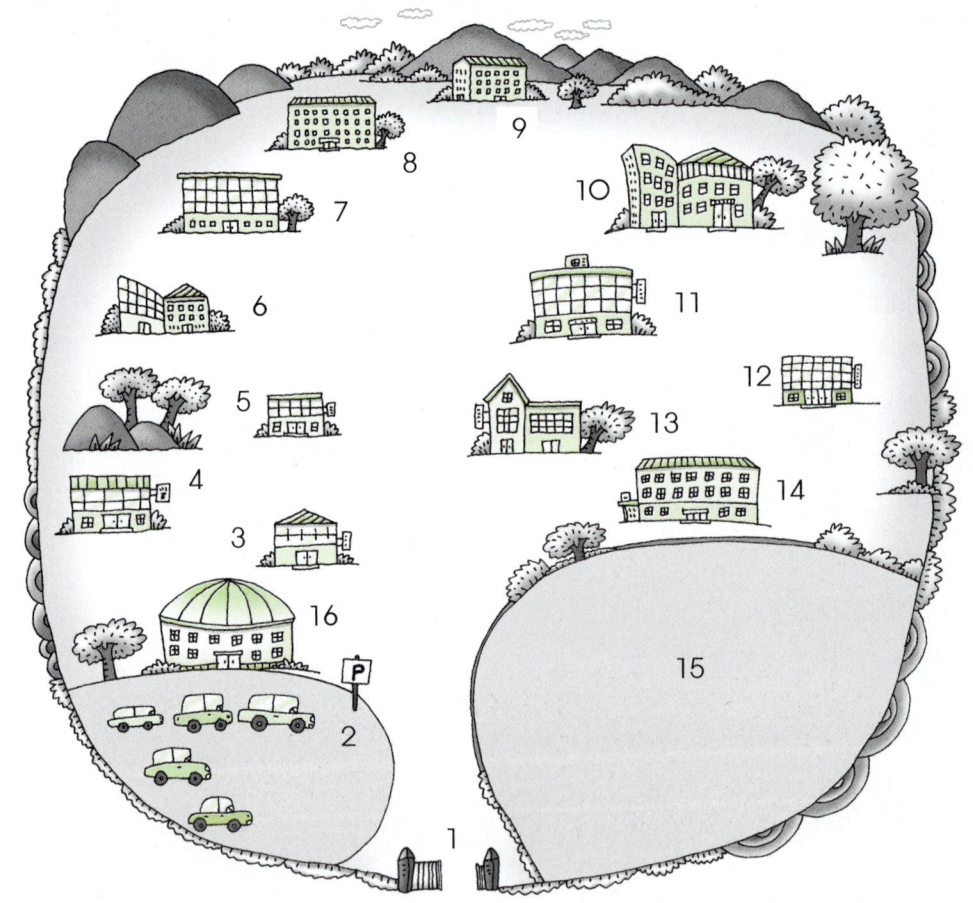

1.	正门	zhèngmén	정문	2.	停车场	tíngchēchǎng	주차장
3.	复印室	fùyìnshì	복사실	4.	书店	shūdiàn	서점
5.	小卖部	xiǎomàibù	매점				
6.	1号教学楼		yī hào jiàoxuélóu			1번 강의동	
7.	2号教学楼		èr hào jiàoxuélóu			2번 강의동	
8.	3号教学楼		sān hào jiàoxuélóu			3번 강의동	
9.	宿舍	sùshè	기숙사	10.	图书馆	túshūguǎn	도서관
11.	学生会馆	xuéshēng huìguǎn	학생회관				
12.	银行	yínháng	은행				
13.	邮局	yóujú	우체국	14.	办公楼	bàngōnglóu	행정사무동
15.	运动场	yùndòngchǎng	운동장	16.	体育馆	tǐyùguǎn	체육관

第四课

你在做什么呢？

▶▶ 生词 단어

正在	zhèngzài	부	~하고 있는 중이다
喂	wéi	감	여보세요
商量	shāngliang	동	상의하다, 의논하다
枫叶	fēngyè	명	단풍잎
真	zhēn	부	정말, 참으로
		형	진짜이다, 진실이다
巧	qiǎo	형	공교롭다
想	xiǎng	능동	~하고 싶다
打算	dǎsuan	동	계획하다, 고려하다
下	xià	명	나중, 다음
一下	yíxià	수량	동사 뒤에 쓰여 '시험삼아 해 보다' 또는 '좀 ~하다'의 뜻을 나타낸다.
马上	mǎshang	부	곧, 바로, 즉시
告诉	gàosu	동	알리다
更	gèng	부	더, 더욱, 훨씬
怎么	zěnme	대	어떻게, 어째서, 왜
开	kāi	동	(차량 따위를)운전하다
车	chē	명	자동차
坐	zuò	동	(교통수단 따위를) 타다
火车	huǒchē	명	기차
会	huì	능동	(훈련, 학습 등을 통해서) ~할 수 있다; ~할 가능성이 있다
不过	búguò	접	그런데, 그러나
棒	bàng	형	훌륭하다, 좋다
带	dài	동	데리다, 이끌다, 통솔하다 ; (몸에) 지니다

▶▶ 专有名词 고유명사

雪岳山	Xuěyuèshān		설악산 (지명)

（ 东明　　　正在　　给 英美 打　电话 ）
（ Dōngmíng zhèngzài gěi Yīngměi dǎ diànhuà ）

张东明：　喂，　英美，　你 在 做　什么 呢?
　　　　　Wéi, Yīngměi, nǐ zài zuò shénme ne?

金英美：　我 正在 和　朋友 们　商量　　周末　一起 去 看
　　　　　Wǒ zhèngzài hé péngyou men shāngliang zhōumò yìqǐ qù kàn
　　　　　枫叶　 呢。
　　　　　fēngyè ne.

张东明：　真　巧!　我 也 想 去。你们　打算 去 哪儿?
　　　　　Zhēn qiǎo! Wǒ yě xiǎng qù. Nǐmen dǎsuan qù nǎr?

金英美：　我们　打算 去　雪岳山，你 要 不 要 和　我们　一起
　　　　　Wǒmen dǎsuan qù Xuěyuèshān, nǐ yào bu yào hé wǒmen yìqǐ
　　　　　去?
　　　　　qù?

张东明：　这 个　周末 我 有　事儿，下 个　周末　　怎么样?
　　　　　Zhè ge zhōumò wǒ yǒu shìr, xià ge zhōumò zěnmeyàng?

金英美：　你 等 一会儿，我 问 一下 他们，我们　商量　商
　　　　　Nǐ děng yíhuìr, wǒ wèn yíxià tāmen, wǒmen shāngliang shāng
　　　　　量，　马上　告诉 你……对不起，久 等 了。
　　　　　liang, mǎshang gàosu nǐ…… Duìbuqǐ, jiǔ děng le.

张东明：　没　关系。你 说 吧。
　　　　　Méi guānxi. Nǐ shuō ba.

金英美：　他们　也 说 下 周 去 更　好。
　　　　　Tāmen yě shuō xià zhōu qù gèng hǎo.

张东明：　你们　要　怎么 去? 开 车　还是　坐 火车?
　　　　　Nǐmen yào zěnme qù? Kāi chē háishi zuò huǒchē?

金英美：　开　车 去。
　　　　　Kāi chē qù.

张东明：　你 会 开 车 吗?
　　　　　Nǐ huì kāi chē ma?

金英美：　不 会。不过，　小王　说 他 会。
　　　　　Bú huì. Búguò, xiǎo Wáng shuō tā huì.

张东明：　太　棒 了!
　　　　　Tài bàng le!

东明　给　英美　打　电话　的　时候，英美　正在　和　朋友　们
Dōngmíng gěi Yīngměi dǎ diànhuà de shíhou, Yīngměi zhèngzài hé péngyou men

商量　周末　去　玩儿。东明　也　想　去，不过　这个　周末　他　有
shāngliang zhōumò qù wánr. Dōngmíng yě xiǎng qù, búguò zhège zhōumò tā yǒu

事儿，想　下　个　周末　去。英美　他们　也　觉得　下　个　周末　去　更
shìr, xiǎng xià ge zhōumò qù. Yīngměi tāmen yě juéde xià ge zhōumò qù gèng

好。小王　会　开　车，他　带　大家　去。
hǎo. Xiǎo Wáng huì kāi chē, tā dài dàjiā qù.

1. 동작의 진행 '正', '在', '正在'

동사 앞에 부사 '正', '在', '正在'를 쓰고, 문장 끝에 어기조사 '呢'를 붙여 동작의 진행을 나타낸다. '呢'를 사용해도 되고 사용 하지 않아도 된다. 주로 구어체에 사용된다.

'正'은 동작의 진행의 시간을 강조하고 '在'는 상태의 지속을 강조하며, '正在'는 동작이 진행하고 있는 시간이나 상태가 지속되고 있다는 것을 모두 강조한다.

부정형은 '在' 앞에 '没'를 붙인다.

예: 东明正在给英美打电话呢。

A: 你们正在吃饭吗? B: 我们没在吃饭。

2. '怎么' +동사

동작 행위의 방식 혹은 방법을 물을 때 사용한다.

예: 你们要怎么去?

你知道怎么开车吗?

3. 능원동사 '要' 와 '想'

능원동사 '要' 와 '想'은 항상 동사나 형용사 앞에 놓여 필요, 소망 등을 나타낸다. '想'의 부정형은 '想' 앞에 '不'를 붙이면 된다. 능원동사 '要'의 부정형은 역시 '不想'으로 쓴다.

예: 我也想去呢。

我不想看电视。

A: 你要逛街吗? B: 我不想逛街。

一. 朗读 낭독

更高	更贵	更清楚	更高兴
坐车	坐汽车	坐火车	坐地铁
等一下	去一下	问一下	听一下
打算做什么	打算听音乐	打算去吃饭	打算去图书馆
怎么做饭	怎么玩游戏	怎么去你家	怎么去图书馆

二. 替换练习 교체연습

1. 东明正在　给英美打电话。
　　　　　　　上网
　　　　　　　看电影
　　　　　　　吃东西
　　　　　　　做作业

2. 开车去　　还是　坐火车去?
　　游泳　　　　　　打网球
　　喝咖啡　　　　　喝茶
　　学汉语　　　　　学韩语
　　吃糖醋肉　　　　吃炸酱面

三. 填空 빈칸 채우기

（ 在　 打算　 怎么　 马上　 更　 不过 ）

1. 他＿＿＿＿和朋友去打球。

2. 请等一会儿，我＿＿＿＿就来。

3. 昨天下午六点，我们＿＿＿＿吃饭。

4. 我知道他，＿＿＿＿我不认识他。

5. 明天去也可以，不过后天去＿＿＿好。

6. 韩国语的 '죄송합니다' 汉语＿＿＿＿说?

四. 排序　문장 순서 배열

1. a 正在　　　b 呢　　　　c 打电话　　d 东明
2. a 会　　　　b 开车　　　c 小王　　　d 不会
3. a 打算　　　b 哪儿　　　c 去　　　　d 你　　　　e 周末
4. a 雪岳山　　b 去　　　　c 要　　　　d 他们　　　e 枫叶　　　f 看
5. a 你们　　　b 还是　　　c 去　　　　d 坐火车　　e 去　　　　f 开车
6. a 英美　　　b 下个周末　c 玩儿　　　d 更好　　　e 觉得　　　f 去

五. 翻译　번역

1. 나는 친구들과 상의하고 있습니다.

2. 제가 곧 알려드리겠습니다.

3. 당신들은 차를 운전하고 갈 것입니까? 아니면 기차를 타고 갈 것입니까?

4. 당신은 운전할 수 있습니까?

5. 우리는 설악산에 갈 계획입니다.

6. 그들도 다음주에 가면 더욱 좋다고 말했습니다.

六. 听写　듣고 쓰기

　　东明给英美打电话_____，英美正在和朋友们_____周末去玩儿，东明也_____去，不过这个周末他_____，想下个周末去。英美他们也_____下个周末去更好。小王_____开车，他带大家去。

七. 你问我答　물음에 답하세요.

1. 你正在给谁打电话?
2. 你现在在做什么呢?
3. 我们现在在学第几课?

4. 你打算周末去哪儿?

5. 周末你去首尔做什么?

6. 我们去哪儿玩儿好呢?

7. 你会开车吗?

8. 你要怎么去雪岳山，开车去还是坐火车去?

他们在做什么?　그들은 지금 무엇을 하고 있습니까?

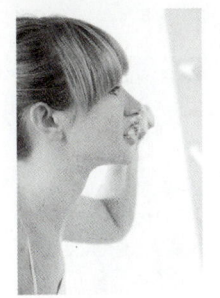

刷牙
shuāyá

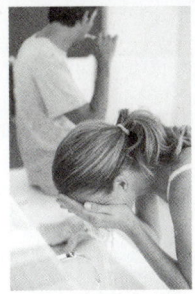

洗脸
xǐliǎn

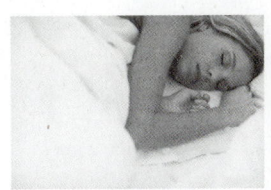

睡觉
shuìjiào

上课
shàng kè

开车
kāichē

走路
zǒulù

开会
kāihuì

做作业
zuò zuòyè

玩游戏
wán yóuxì

喝啤酒
hē píjiǔ

唱歌
chànggē

跳舞
tiàowǔ

第五课

您能给我们拍张照片吗？

▶▶ 生词 단어

售票处	shòupiàochù	명	매표소
票	piào	명	표
学生证	xuéshēngzhèng	명	학생증
张	zhāng	양	장(종이 등을 셀 때 쓰는 양사)
寺庙	sìmiào	명	절, 사찰
美	měi	형	아름답다, 예쁘다
这儿	zhèr	대	여기, 이곳
拍	pāi	동	사진을 찍다
照片	zhàopiàn	명	사진
可是	kěshì	접	그러나, 그렇지만
走	zǒu	동	걷다, 가다
能	néng	능동	~할 수 있다; ~할 가능성이 있다
游客	yóukè	명	관광객
没问题	méi wèntí		문제없다
问题	wèntí	명	문제, 질문
只要……就……	zhǐyào……jiù……		~하기만 하면 곧~
按	àn	동	누르다
行	xíng	형	좋다, 괜찮다
茄子	qiézi	명	가지
进去	jìnqù	동	들어가다
可惜	kěxī	형	아쉽다, 애석하다
出去	chūqù	동	나가다
然后	ránhòu	접	연후에, 그리고 나서

（　金英美　　正在　　雪岳山　　售票处　　买　票　）
（ Jīn Yīngměi　zhèngzài　Xuěyuèshān　shòupiàochù　mǎi piào ）

金英美：　请问，　　　学生票　一　张　多少　钱？
　　　　　Qǐngwèn, xuéshēngpiào yì zhāng duōshao qián?

售票员：　两千　　元。有　学生证　　吗？
　　　　　Liǎngqiān yuán. Yǒu xuéshēngzhèng ma?

金英美：　有。请　给　我　五　张　　学生票。
　　　　　Yǒu. Qǐng gěi wǒ wǔ zhāng xuéshēngpiào.

（ 在　寺庙　前 ）
（ Zài　sìmiào qián)

金英美：　太　美　了！我们　在　这儿　拍　张　　照片　　吧！
　　　　　Tài měi le! Wǒmen zài zhèr pāi zhāng zhàopiàn ba!

张东明：　好。可是　谁　给　我们　拍　呢？
　　　　　Hǎo. Kěshì shuí gěi wǒmen pāi ne?

金英美：　你　看，　前面　　走　来一　个　人。
　　　　　Nǐ kàn, qiánmiàn zǒu lái yí ge rén.

张东明：　请问，　　您　能　给　我们　拍　张　　照片　吗？
　　　　　Qǐngwèn, nín néng gěi wǒmen pāi zhāng zhàopiàn ma?

游　客：　行，　没　问题，可是　我　不太　会　用。
　　　　　Xíng, méi wèntí, kěshì wǒ bútài huì yòng.

张东明：　只要　按　这儿　就　行　了。
　　　　　Zhǐyào àn zhèr jiù xíng le.

游　客：　来，看　这儿，一、二、三，茄子……
　　　　　Lái, kàn zhèr, yī、èr、sān, qiézi……

张东明：　谢谢！英美，　我们　进去　看看　　吧。
　　　　　Xièxie! Yīngměi, wǒmen jìnqù kànkan ba.

金英美：　这　个　寺庙　真　大　啊！再　拍　一　张，　　怎么样？
　　　　　Zhè ge sìmiào zhēn dà a! Zài pāi yì zhāng, zěnmeyàng?

张东明：　你　不　知道　吗？寺庙　里　不　能　拍照。
　　　　　Nǐ bù zhīdao ma? sìmiào li bù néng pāizhào.

金英美：　太　可惜　了！我们　出去　吧！
　　　　　Tài kěxī le! Wǒmen chūqù ba!

英美 和 朋友 们 在 雪岳山。 他们 有 学生证, 能 买
Yīngměi hé péngyou men zài Xuěyuèshān. Tāmen yǒu xuéshēngzhèng, néng mǎi

学生票。 他们 要 拍照, 这 时 前面 走 来 一 位 游客, 东明
xuéshēngpiào. Tāmen yào pāizhào, zhè shí qiánmiàn zǒu lái yí wèi yóukè, Dōngmíng

请 那个 人 给 他们 拍照。 然后, 他们 进 寺庙 去, 英美 想
qǐng nàge rén gěi tāmen pāizhào. Ránhòu, tāmen jìn sìmiào qù, Yīngměi xiǎng

再 拍 一 张, 很 可惜 寺庙 里 不 能 拍 照。
zài pāi yì zhāng, hěn kěxī sìmiào li bù néng pāi zhào.

Tip: 한국에서는 사진을 찍을 때 '김치' 또는 '치즈'를 외치지만, 중국에서는 '가지'를
외치고 사진을 찍습니다.

1. 이중목적어

중국어의 이중 목적어는 하나의 술어동사 뒤에 두 개의 목적어, 즉 직접 목적어와 간접 목적어를 동시에 가질 수 있다. 그 중 첫 번째 목적어는 일반적으로 사람을 가리키며, 두 번째는 사물을 가리킨다. 이중목적어를 가질 수 있는 동사는 아래와 같다.

给 gěi 주다	收 shōu 받다	找 zhǎo 거슬러주다
送 sòng 주다, 보내다	借 jiè 빌리다	还 huán 돌려주다
教 jiāo 가르치다	问 wèn 묻다	回答 huídá 대답하다
请教 qǐngjiào 가르침을 청하다		麻烦 máfan 번거롭게 하다
告诉 gàosu 알리다		

예: <u>给</u> <u>我</u> <u>五张学生票</u>。
　　<u>找</u> <u>你</u> <u>三十块</u>。

2. 단순 방향보어

동사 '来'와 '去'는 다른 동사 뒤에 쓰여 동작, 행위의 방향을 나타낸다. 이러한 보어를 단순 방향보어라고 한다. 동작이 말하는 사람을 향해서 진행될 때는 '来'를 쓰고, 그 반대 방향을 향해서 진행될 때는 '去'를 쓴다.

동사　+　来/去

예: 前面　走　　来　　一个人。
　　我们　进　　去　　看看吧!

一. 朗读 낭독

有问题	没问题	问问题	好问题
开进来	走进来	住进去	吃进去
请看一下	请写一下	请等一下	请按一下
好美的山	好难的问题	好棒的主意	好贵的水果
我给他两张票	他借我一万块	老师问学生一个问题	妈妈给我五张邮票

二. 替换练习 교체연습

1. 请　　给　　我　　五张学生票。
   　　　给　　他　　这本词典
   　　　告诉　我　　这件事
   　　　借　　我　　一支笔
   　　　教　　我　　几句汉语

2. 我们　进去　看看　　　吧!
   　　　出去　走走
   　　　买来　听听
   　　　上去　坐坐
   　　　过去　聊聊天儿

补充生词 보충단어

件	jiàn	양	옷, 일 따위를 세는 양사
借	jiè	동	빌리다
教	jiāo	동	가르치다

三. 填空 빈칸 채우기

（　能　拍　售票处　可惜　然后　游客　）

1. 请问，您可以给我们_____一张照片吗?

2. 我们现在吃饭，_____去逛街。

3. 她也很想去雪岳山，可是很_____，她最近太忙了，没有时间。

4. 我_____用一下这本词典吗？

5. 星期天，景福宫里有很多_____。

6. 请问，我要买火车票，_____在几楼？

补充生词 보충단어

| 景福宫 | Jǐngfúgōng | 경복궁(지명) |

四. 排序 문장 순서 배열

1. a 有　　　b 学生证　　c 你们　　　d 吗
2. a 前面　　b 游客　　　c 走来　　　d 一　　　e 位
3. a 在　　　b 买　　　　c 售票处　　d 他们　　e 票
4. a 拍　　　b 吧　　　　c 我们　　　d 照片　　e 张
5. a 这个　　b 手机　　　c 不太　　　d 会　　　e 我　　　f 用
6. a 能　　　b拍　　　　c 照片　　　d 给我　　e 您　　　f 张　　g 吗

五. 翻译 번역

1. 학생표 한 장 얼마입니까?

2. 우리 여기서 사진 한 장 찍읍시다!

3. 당신은 우리에게 사진 한 장 찍어 주실 수 있습니까?

4. 사찰 안에서는 사진촬영 금지입니다.

5. 너무 아쉽습니다.

6. 당신은 여기만 누르시면 곧 됩니다.

六. 听写　듣고 쓰기

英美和朋友们在雪岳山。他们有_____，能买学生票。他们要_____，这时前面走来一位_____，东明请那个人给他们拍照。_____，他们进寺庙去，英美想再拍一张，很_____，寺庙里不能拍照。

七. 你问我答　물음에 답하세요.

1. 周末你什么时候有空儿?

2. 周末你打算做什么?

3. 你觉得雪岳山怎么样?

4. 我们什么时候一起去雪岳山玩儿好呢?

5. 雪岳山的学生票一张多少钱?

6. 你们谁会开车?

7. 请问，谁能回答下一个问题?

8. 韩国什么寺庙比较大?

少林寺 소림사

중국 하면 첫 번째로 '쿵후(功夫 gōngfu)'를 연상한다. 쿵후 하면 소림사를 거론하지 않을 수 없다. 소림사는 남소림과 북소림이 있다. '북소림 北少林 běi shàolín'은 하남성 (河南省 Hénánshěng) 정주 (郑州 Zhèngzhōu)의 송산 (嵩山 Sōngshān) 소림사이며 소림사 쿵후의 발원지이기도 하다. '남소림 (南少林 nán shàolín)'은 중국 복건성(福建省 Fújiànshěng) 천주 (泉州 Quánzhōu)의 소림사를 말한다.

소림 쿵후는 한족 무술계통의 최대의 계파이며 무술 동작이 700여종에 달한다. 소림사는 참선(禅 chán)으로 무술에 들어가고 무술을 익히면서 선을 수양한다고 해서 '무술참선'이라고 하기도 한다.

쿵후는 소림사를 배경으로 하는 영화가 방영되면서 세인들의 관심을 끌게 되었고, 그 중 몇 편은 해외에서도 크게 알려지게 되었다. 이로 인해 쿵후가 세계에 알려졌고 중국과 중국무술을 이해시키는 계기가 되었다. 1982년도에 출품된 이연걸(李连杰 Lǐ Liánjié) 주연의 '소림사'는 수많은 사람들로 하여금 쿵후를 배우게 하는 계기가 되었다.

第六课

有短一点儿的吗？

▶▶ 生词 단어

售货员	shòuhuòyuán	명	점원, 판매원
件	jiàn	양	옷, 일 따위에 사용하는 양사
衬衫	chènshān	명	셔츠
黄	huáng	형	누렇다
试衣间	shìyījiān	명	피팅룸
试	shì	동	시험삼아 해 보다
有点儿	yǒudiǎnr	부	조금, 약간
长	cháng	형	길다
短	duǎn	형	짧다
肥	féi	형	헐렁하다
瘦	shòu	형	작다, 꼭 끼다
蓝	lán	형	남빛(의), 남색의
红	hóng	형	붉다, 빨갛다
好看	hǎokàn	형	보기 좋다, 예쁘다
容易	róngyi	형	쉽다
脏	zāng	형	더럽다
浅色	qiǎnsè	명	연한색
正	zhèng	형	꼭
		부	마침
合适	héshì	형	알맞다, 적당하다
样子	yàngzi	명	모양
颜色	yánsè	명	색, 색채
不错	búcuò	형	좋다
最后	zuìhòu	명	최후, 맨 마지막

售货员： 您 买 什么?
Nín mǎi shénme?

金英美： 我 想 买 一 件 衬衫。 那 件 黄 的 可以
Wǒ xiǎng mǎi yí jiàn chènshān. Nà jiàn huáng de kěyǐ
看看 吗?
kànkan ma?

售货员： 请 等 一下儿 …… 试衣间 在 那儿。
Qǐng děng yíxiàr …… Shìyījiān zài nàr.

金英美： 这 件 有点儿 长, 有 短 一点儿 的 吗?
Zhè jiàn yǒudiǎnr cháng, yǒu duǎn yìdiǎnr de ma?

售货员： 这 件 短 一点儿。 您 看 怎么样?
Zhè jiàn duǎn yìdiǎnr. Nín kàn zěnmeyàng?

金英美： 这 件 太 肥 了。 有 瘦 一点儿 的 吗?
Zhè jiàn tài féi le. Yǒu shòu yìdiǎnr de ma?

售货员： 蓝 的 和 红 的 有 瘦 一点儿 的。
Lán de hé hóng de yǒu shòu yìdiǎnr de.

金英美： 没有 白 的 吗? 我 喜欢 白 的。
Méiyǒu bái de ma? Wǒ xǐhuan bái de.

售货员： 白 的 好看 是 好看, 可是 容易 脏。 您 看 黄 的
Bái de hǎokàn shì hǎokàn, kěshì róngyi zāng. Nín kàn huáng de
怎么样?
zěnmeyàng?

金英美： 我 喜欢 浅色 的。
Wǒ xǐhuan qiǎnsè de.

售货员： 您 试试 这 件 浅黄 色 的。 最近 挺 流行 的。
Nín shìshi zhè jiàn qiǎnhuáng sè de. Zuìjìn tǐng liúxíng de.

金英美： 这 件 不大 不小 正 合适。
Zhè jiàn bú dà bù xiǎo zhèng héshì.

售货员： 这 件 好, 样子、 颜色 都 不错。
Zhè jiàn hǎo, yàngzi、 yánsè dōu búcuò.

金英美： 就 买 这 件 吧。
Jiù mǎi zhè jiàn ba.

金英美 想 买 一件 衬衫。她 喜欢那件 黄 的,可是 觉得 有
Jīn Yīngměi xiǎng mǎi yí jiàn chènshān. Tā xǐhuan nà jiàn huáng de, kěshì juéde yǒu

点儿 长, 售货员 给 她 一件 短 一点儿 的,可是 太 肥 了。 最后 她
diǎnr cháng, shòuhuòyuán gěi tā yí jiàn duǎn yìdiǎnr de, kěshì tài féi le. Zuìhòu tā

想 买 那件 浅黄 色 的。那件 衬衫 不大不小 正 合适, 样
xiǎng mǎi nà jiàn qiǎnhuáng sè de . Nà jiàn chènshān bú dà bù xiǎo zhèng héshì, yàng

子 和 颜色 都 不错。
zi hé yánsè dōu búcuò.

1. '的' 자구

명사, 대명사, 형용사, 동사 등 품사 혹은 구의 뒤에 '的'를 붙여 만든 '的' 자구는 명사에 해당되는 역할을 한다.

예: 那件黄的可以看看吗?

　　贵一点儿的更好吗?

2. '一点儿' 와 '有(一)点儿'

'一点儿' 와 '有(一)点儿' 는 모두 '조금, 약간' 의 의미를 가지고 있지만 쓰임은 다르다.

'一点儿' 는 관형어와 보어로 사용할 수 있다. 보어로 사용할 때 동사나 형용사는 반드시 '一点儿' 앞에 놓여야 한다.

'有(一)点儿' 는 부사어로 사용할 수 있으며, 주로 여의치 않는 상황에 사용한다. 동사나 형용사는 반드시 '有(一)点儿' 뒤에 놓여야 한다.

예: 我想去超市买一点儿水果。

　　这件衬衫大一点儿, 那件小一点儿。

　　这件衬衫有(一)点儿大, 我不喜欢。

3. A是A, 可是……

먼저 어떤 사실을 인정하거나 긍정하고 마음에 들기는 하지만, 그러나 다른 요인으로 인하여 아쉬움을 표현을 할 때 사용한다.

예: 白的好看是好看, 可是容易脏。

　　寺庙美是美, 可是不能拍照。

4. 不A不B

A와 B는 서로 반대된 뜻을 가지고 있는 단음절 형용사나 방위사를 사용하여, '不A不B' 는 '적당하다, 알맞다' 는 뜻을 나타낸다.

예: 不大不小, 不长不短, 不前不后, 不上不下

一. 朗读 낭독

好看	好听	好吃	好喝
白的	黄的	肥的	瘦的
不大不小	不多不少	不早不晚	不长不短
有点儿长	有点儿短	有点儿贵	有点儿难
长一点儿	短一点儿	贵一点儿	难一点儿

二. 替换练习　교체연습

1.　这件有点儿　长，有　短　一点儿的吗？
　　　　　　　　旧　　　新
　　　　　　　　大　　　小
　　　　　　　　肥　　　瘦
　　　　　　　　深　　　浅

2.　好看　是　好看，可是　容易脏。
　　累　　　累　　　　很高兴
　　饿　　　饿　　　　不想吃
　　便宜　　便宜　　　不太好
　　好吃　　好吃　　　有点儿贵

补充生词 보충단어

旧	jiù	형	오래되다, 낡다
新	xīn	형	새롭다
深	shēn	형	(빛깔 따위가) 짙다

三. 填空　빈칸 채우기

（颜色　小　一点儿　合适　有点儿　容易）

1. 我穿66的，这件太____了。

2. 这个周末我_____忙，不能出去玩儿。

3. 苹果一千块一个，太贵了，便宜_____吧。

4. 浅色的衣服_____脏。

5. 这件衣服不长不短正_____。

6. 你要什么_____的笔，蓝的怎么样？

四. 排序 문장 순서 배열

1. a 白　　b 我　　　c 喜欢　　　d 的
2. a 有　　b 瘦　　　c 一点儿　　d 黄的　　e 的
3. a 衬衫　b 有点儿　c 件　　　　d 长　　　e 这
4. a 不大　b 正　　　c 那　　　　d 不小　　e 件　　f 合适
5. a 觉得　b 不错　　c 衣服　　　d 我　　　e 这件　　f 很
6. a 试试　b 浅蓝色　c 衬衫　　　d 这件　　e 您　　f 的

五. 翻译 번역

1. 피팅룸은 저기에 있습니다.

2. 이 남방은 크면서도 깁니다.

3. 흰색은 쉽게 더러워집니다.

4. 연한 노란색의 것을 입어보십시오.

5. 요즘 파란색이 매우 유행합니다.

6. 이 옷은 크지도 않고 작지도 않고 딱 맞습니다.

六. 听写　듣고 쓰기

　　金英美想买一件衬衫。她喜欢那件_____的，可是觉得有点儿_____，售货员给她一件_____一点儿的，可是太肥了。最后她想买那件_____黄色的。那件衬衫不大不小正_____，样子和颜色都不错。

七. 你问我答 물음에 답하세요.

1. 你喜欢什么颜色?

2. 这个星期六你做什么?

3. 你要买什么颜色的衣服?

4. 去哪儿买衣服比较便宜?

5. 你看他的这件衬衫怎么样?

6. 衬衫你喜欢短的还是长的?

7. 您觉得这件白的怎么样?

8. 现在流行什么颜色的衬衫?

● 服装　옷

春天　chūntiān

眼镜
yǎnjìng

毛衣
máoyī

牛仔裤
niúzǎikù

运动鞋
yùndòngxié

夏天　xiàtiān

短袖　T恤
duǎnxiù tìxù

手表
shǒubiǎo

短裤
duǎnkù

凉鞋
liángxié

秋天　qiūtiān

丝巾
sījīn

风衣
fēngyī

裙子
qúnzi

皮鞋
píxié

冬天　dōngtiān

帽子
màozi

围巾
wéijīn

手套
shǒutào

大衣
dàyī

羽绒服
yǔróngfú

靴子
xuēzi

有短一点儿的吗？　**67**

第七课

我明天要回首尔了

▶▶ 生词 **단어**

要……了	yào……le		막~ 하려고 하다
这么	zhème	대	이러한, 이렇게
快	kuài	형	빠르다
		부	곧, 머지않아
得	děi	능동	~해야 한다
回去	huíqù	동	돌아가다
送	sòng	동	배웅하다
那么	nàme	대	그렇게, 그런
		접	그러면
飞机场	fēijīchǎng	명	공항
飞机	fēijī	명	비행기
接	jiē	동	마중하다
顿	dùn	양	끼니(식사의 횟수에 쓰는 양사)
定	dìng	동	결정하다, 확정하다
起飞	qǐfēi	동	이륙하다
一……就……	yī……jiù……		~하자마자 ~하다
到	dào	동	도착하다, 이르다
记住	jìzhù	동	확실히 기억해 두다
别	bié	부	~하지 마라
忘	wàng	동	잊다, 망각하다
联系	liánxì	동	연락하다
一定	yídìng	부	반드시, 꼭
祝	zhù	동	축원하다, 축복하다
一路平安	yílùpíng'ān	성어	가시는 길에 (도중) 평안하길 바랍니다

▶▶ 专有名词 **고유명사**

首尔	Shǒu'ěr	서울 (지명)

金英美： 我 明天 要 回 首尔 了。
Wǒ míngtiān yào huí Shǒu' ěr le.

张东明： 明天 就要 走 了？ 怎么 这么 快？
Míngtiān jiù yào zǒu le? Zěnme zhème kuài?

金英美： 家 里有 事儿，我 得 早 点儿 回去。
Jiā li yǒu shìr, wǒ děi zǎo diǎnr huíqù.

张东明： 明天 我 去 送 你。
Míngtiān wǒ qù sòng nǐ.

金英美： 你 学习 那么 忙， 不 要 送 了。
Nǐ xuéxí nàme máng, bú yào sòng le.

张东明： 你 走，我 怎么 能 不 送 呢？ 明天 几 点 的 飞机？
Nǐ zǒu, wǒ zěnme néng bú sòng ne? Míngtiān jǐ diǎn de fēijī?

金英美： 五 点 四十五 分 的。
Wǔ diǎn sìshí wǔ fēn de.

张东明： 明天 十一 点 我 去 你 那儿 接 你，我们 一起 吃 顿 饭
Míngtiān shíyī diǎn wǒ qù nǐ nàr jiē nǐ, wǒmen yìqǐ chī dùn fàn
吧。
ba.

金英美： 好， 就 这么 定 了。
Hǎo, jiù zhème dìng le.

（ 在 飞机场 ）
（ Zài fēijīchǎng ）

张东明： 飞机 快 要 起飞 了。 快 进去 吧！
Fēijī kuài yào qǐfēi le. Kuài jìnqù ba!

金英美： 好， 谢谢 你 来 送 我。 我 一 到 家 就 给 你 打 电话。
Hǎo, xièxie nǐ lái sòng wǒ. Wǒ yí dào jiā jiù gěi nǐ dǎ diànhuà.

张东明： 我 的 电话 号码 你 记住 了 吗？我 等 你 的 电话。
Wǒ de diànhuà hàomǎ nǐ jìzhù le ma? Wǒ děng nǐ de diànhuà.

金英美： 你 来 首尔 的 时候， 别 忘 了 和 我 联系。
Nǐ lái Shǒu'ěr de shíhou, bié wàng le hé wǒ liánxì.

张东明： 一定， 一定。 祝 你 一路平安！
Yídìng, yídìng. Zhù nǐ yílùpíng'ān!

金英美 家里 有事，明天 就要 回 首尔 了。 张东明 问
Jīn Yīngměi jiā li yǒushì, míngtiān jiùyào huí Shǒu'ěr le. Zhāng Dōngmíng wèn

英美 飞机 起飞 的 时间, 他 打算 明天 送 她 去 机场。英美 告诉
Yīngměi fēijī qǐfēi de shíjiān, tā dǎsuan míngtiān sòng tā qù jīchǎng. Yīngměi gàosu

东明 来 首尔 的 时候 一定 要 和 她 联系， 东明 祝 她
Dōngmíng lái Shǒu'ěr de shíhou yídìng yào hé tā liánxì, Dōngmíng zhù tā

一路平安。
yílùpíng'ān.

1. 要……了

'要……了'는 어떤 동작 혹은 상황이 가까운 시간 내에 곧 발생하려 하는 것을 나타낸다. '要'는 동사 혹은 형용사 앞에 놓이고, 어기조사 '了'는 문장 끝에 놓인다. '要' 앞에 '就'나 '快'를 붙여주면 시간의 긴박함을 한 층 더 나타낸다. 즉, '快要……了', '就要……了' 등이 있다. 그리고 '快要……了'에서 '要'를 생략할 수 있다.

예: 飞机快要起飞了。

我一会儿就要回家了。

2. '在', '去', '来', '到'의 목적어와 '这儿', '那儿'

'在', '去', '来', '到' 등의 동사나 전치사 뒤에는 처소 목적어와 함께 쓰인다. 목적어가 사람을 나타내는 명사나 대명사일 경우에는 반드시 그 뒤에 '这儿'이나 '那儿'을 붙여야 처소를 표시할 수 있다.

예: 我去你那儿接你。

你的那件衬衫在我这儿。

3. 一 …… 就 ……

'一 …… 就 ……'는 '~하자마자 ~하다'는 뜻으로 두 가지 상황이 연속적으로 일어나는 것을 나타낸다.

예: 我一到家就给你打电话。

我一下课就回家。

4. '别'과 '不要'

부사 '别'과 '不要'는 '~하지마라'는 뜻을 나타낸다.

예: 你来首尔的时候，别忘了和我联系。

浅色的容易脏，不要买浅色的了。

5. 반어문 '怎么能……呢?'

의문문의 형식에서 긍정을 강조하는 문장을 반어문이라고 한다. 반어문의 형식은 의문문이지만, 실제로 대답을 요구하지 않는다. 긍정형식의 반어문은 부정의 의미를 나타내고, 부정형식은 긍정의 의미를 나타낸다.

예: 你走，我怎么能不送呢?

这件衣服太肥了，我怎么能穿呢?

一. 朗读 낭독

接朋友	接老师	接孩子	接飞机
别说了	别看了	别吃了	别喝了
要吃饭了	要上课了	要回国了	要学习了
书在我这儿	他在我们这儿	钱在同学那儿	词典在朋友那儿
怎么能出去呢	怎么能休息呢	怎么能不看书呢	怎么能不回家呢

二. 替换练习 교체연습

1. <u>飞机</u>　快要　<u>起飞</u>　　　了。
   时间　　　　到
   我们　　　　上课
   他　　　　　来首尔
   她　　　　　去美国留学

2. 一　<u>到家</u>　就　<u>给你打电话</u>。
   回来　　　休息
   见面　　　聊天
   有时间　　游泳
   到周末　　逛街

三. 填空 빈칸 채우기

（ 顿　接　一定　送　联系　得 ）

1. 明天我上午9点有课，今天_____早点儿睡。

2. 他明天回国，我们都要去____他。

3. 他下午五点到机场，谁去____他?

4. 我们一天吃三____饭。

5. 那个电影很好看，你_____要看。

6. 来首尔的时候，一定要和我_____。

补充生词 보충단어

睡	shuì	동	잠을 자다

四. 排序　문장 순서 배열

1.　a 祝　　　b 一路平安　c 张东明　　d 金英美

2.　a 快　　　b 来　　　　c 火车　　　d 要　　　　e 了

3.　a 几点　　b 飞机　　　c 坐　　　　d 你　　　　e 的

4.　a 明天　　b 北京　　　c 他　　　　d 要　　　　e 了　　　f 回

5.　a 得　　　b 早　　　　c 公司　　　d 去　　　　e 今天　　　f 点儿

6.　a 一起　　b 顿　　　　c 我们　　　d 吃　　　　e 饭　　　　f 吧　　　g 中午

五. 翻译　번역

1.　몇 시 비행기입니까?

2.　제가 내일 배웅하러 가겠습니다.

3.　우리 같이 밥 한 끼 먹읍시다.

4.　제가 집에 도착하자마자 전화 드리겠습니다.

5.　나는 내일 상해로 돌아 갈 것입니다.

6.　북경에 왔을 때 저한테 연락하는 것을 잊지마세요.

<table>
<tr><td colspan="3">补充生词 보충단어</td></tr>
<tr><td>上海</td><td>Shànghǎi</td><td>상해(지명)</td></tr>
</table>

六. 听写　듣고 쓰기

　　金英美家里有事, 明天＿＿＿＿回首尔了。张东明问英美飞机＿＿＿＿的时间, 他打算明天＿＿＿＿她去机场。英美＿＿＿＿东明来首尔的时候一定要和她联系, 东明＿＿＿＿她一路平安。

七. 你问我答　물음에 답하세요.

1.　你家在哪儿?

2.　你常常几点回家?

3.　你怎么这么快就要回首尔了?

4. 你要坐几点的火车?

5. 中午，我们一起吃点儿什么好呢?

6. 你什么时候给我回电话?

7. 明天你打算做什么?

8. 什么时候有去雪岳山的飞机?

● 中国的火车   중국의 기차

  중국의 기차는 D(动车 dòngchē 고속기차), Z(直达特快 zhídátèkuài 직통 특급 빠른 기차), T(特快 tèkuài 특급 빠른 기차), K(快速 kuàisù 빠른 기차), Y(旅游 lǚyóu 여행 기차) 등의 많은 유형이 있다.

  한 열차에 좌석만 있는칸도 있고, 침대만 있는 칸도 있다. 좌석과 침대는 또 각각 硬座(yìngzuò 딱딱한 좌석)과 软座(ruǎnzuò 푹신한 좌석), 硬卧(yìngwò 딱딱한 침대)와 软卧(ruǎnwò 푹신한 침대)로 나뉜다. 물론 가격의 차이가 있다.

2006년에 개통한 청장철도(青藏铁路 Qīngzàng tiělù)는 세계에서 가장 높은 곳에 있는 철도로 길이도 세계 최고를 자랑하고 있다. 이 철도는 해발 4000미터 이상의 고원이 전체의 85%를 차지하고 있다. 이로 인해 산소가 부족하고 바람이 거칠며 강한 자외선 등으로 공사를 하기에는 매우 열악한 자연 환경이었다. 그러나 이러한 악조건임에도 불구하고 이 철도를 건설한 것은 세계적으로도 유래가 없는 철도 건설의 기적이라 할 수 있다.

  또한 2008년부터 한국의 KTX에 해당하는 고속기차 动车 '和谐号(Héxiéhào)' 가 운행을 시작하였고, 대도시간, 대도시와 위성도시간의 중요 운송수단으로 자리 메김하고 있다. 예를 들면, 2011년 5월 기준 북경에서 상해까지 가는 고속기차는 하루에 8대나 있고, 소요 시간이 10시간 밖에 안 된다. 상해에서 남경까지 가는 고속기차는 하루에 13대가 있고, 소요 시간이 2시간 30분 내외이다.

第八课

外面下雨了

▶▶ 生词 **단어**

查	chá	동	조사하다, 찾다
资料	zīliào	명	자료
棒球	bàngqiú	명	야구
比赛	bǐsài	명	시합, 경기
		동	시합하다, 경기하다
动作	dòngzuò	명	동작, 행동
分钟	fēnzhōng	명	분(시간단위)
先	xiān	부	먼저, 우선
不然	bùrán	접	그렇지 않으면
又	yòu	부	또
外面	wàimiàn	명	바깥, 밖
下	xià	동	(눈, 비가)내리다; 차에서 내리다
雨	yǔ	명	비
那	nà	접	그러면
阵雨	zhènyǔ	명	소나기
可能	kěnéng	부	아마도
停	tíng	동	멎다, 멈추다
晴	qíng	형	(날씨가) 개다, 맑다, 개어있다
应该	yīnggāi	능동	마땅히~해야한다; ~할 것이다
因为	yīnwèi	접	왜냐하면, ~ 때문에
俩	liǎ	수량	두 개, 두 사람
过	guò	동	지나다, 지내다
多久	duōjiǔ	대	얼마 동안
		부	오랫동안

金英美： 你 在 做 什么？
Nǐ zài zuò shénme?

张东明： 我 在 网 上 查 资料。
Wǒ zài wǎng shang chá zīliào.

金英美： 你 怎么 不 做 作业？一会儿 我们 还 要 去 看 棒球
Nǐ zěnme bú zuò zuòyè? Yíhuìr wǒmen hái yào qù kàn bàngqiú
比赛 呢。你 不 去 了 吗？
bǐsài ne. Nǐ bú qù le ma?

张东明： 我 当然 要 去。
Wǒ dāngrán yào qù.

金英美： 那么， 你 动作 快 一点儿。
Nàme, nǐ dòngzuò kuài yìdiǎnr.

张东明： 再 给我 十 分钟 吧。
Zài gěi wǒ shí fēnzhōng ba.

金英美： 我 看， 你 还是 先 做 作业 吧，不然 又 忘 了。
Wǒ kàn, nǐ háishi xiān zuò zuòyè ba, bùrán yòu wàng le.

张东明： 好 吧， 听 你 的。
Hǎo ba, tīng nǐ de.

金英美： 你 看， 外面 下 雨 了。
Nǐ kàn, wàimiàn xià yǔ le.

张东明： 那， 我们 今天 不 能 去 了 吗？
Nà, wǒmen jīntiān bù néng qù le ma?

金英美： 这 是 阵雨， 可能 一会儿 就 不 下 了…… 你 看， 雨 停 了。
Zhè shì zhènyǔ, kěnéng yíhuìr jiù bú xià le …… Nǐ kàn, yǔ tíng le.

张东明： 天 晴 了！ 我们 可以 去 了。
Tiān qíng le! Wǒmen kěyǐ qù le.

张东明 在 网 上 查 资料, 金英美 觉得 他 应该 先 做
Zhāng Dōngmíng zài wǎng shang chá zīliào, Jīnyīngměi juéde tā yīnggāi xiān zuò

作业。 因为 他们 俩 还 要 去 看 棒球 比赛。 外面 下 雨 了, 不过
zuòyè. Yīnwèi tāmen liǎ hái yào qù kàn bàngqiú bǐsài. Wàimiàn xià yǔ le, búguò

没 关系, 那 是 阵雨, 一会儿 就 会 停。 没 过 多久, 天 晴 了, 他们 可
méi guānxi, nà shì zhènyǔ, yíhuìr jiù huì tíng. Méi guò duōjiǔ, tiān qíng le, tāmen kě

以 去 了。
yǐ qù le.

1. 어기조사 '了'

어기조사 '了' 는 문장 끝에 쓰여 변화나 새로운 상황이 일어났음을 나타낸다.

예: 外面下雨了。

今天他不去看比赛了。

2. '再' 와 '又'

부사 '再' 와 '又' 는 둘 다 '또' 의 뜻을 나타낸다. 그러나 쓰임에 차이가 있다.

'再' 는 아직 실현이 안 되는 반복 또는 계속되는 동작에 쓰이며, 주로 미완성의 경우에 많이 쓰인다.

'又' 는 이미 실현한 반복 또는 계속되는 동작에 쓰인다. 주로 이미 완성되었거나 혹은 새로운 상황이 이미 나타났고 또는 앞으로 나타날 경우에 많이 쓰인다.

예: 明年再来首尔吧。

你怎么又忘了?

明天又是星期三了。

又要下雨了。

练习 연습

一. 朗读 낭독

下雨了	天晴了	雨停了	枫叶红了
又忘了	又来了	又不去了	又不吃了
明天再来	下午再看	再吃一碗饭	再来两斤苹果
应该上课	应该学习	应该用电脑	应该说汉语
还是快走吧	还是打网球吧	还是坐飞机吧	还是做作业吧

二. 替换练习 교체연습

1. 再　给我十分钟　　　吧。
　　　等一会儿
　　　商量商量
　　　买一件衬衫
　　　给我五张学生票

2. 你还是先　做作业　吧，　不然又　忘　了。
　　　　　　休息　　　　　　　　累
　　　　　　吃饭　　　　　　　　饿
　　　　　　回家　　　　　　　　晚
　　　　　　去学校　　　　　　　迟到

补充生词 보충단어

迟到	chídào	동	지각하다

三. 填空 빈칸 채우기

（　因为　下　再　不然　资料　又　）

1. 学生们常常去复印室复印_____。

2. 你看外面_____雪了。

3. 别忘了带学生证，_____不能买学生票。

4. 金英美不喜欢白的，_____白的容易脏。

5. 他昨天去银行了，今天_____去了。

6. 今天作业很多，你应该先做作业，_____看电视 。

补充生词 보충단어

雪	xuě	명	눈

四. 排序 문장 순서 배열

1. a 阵雨　　b 下　　　　c 外面　　　d 了
2. a 在　　　b 资料　　　c 图书馆　　d 查　　　e 小张
3. a 动作　　b 一点儿　　c 吧　　　　d 你　　　e 快
4. a 怎么　　b 不　　　　c 电话　　　d 打　　　e 你
5. a 我　　　b 网上　　　c 电视　　　d 看　　　e 在　　　f 常
6. a 一会儿　b 我们　　　c 比赛　　　d 看　　　e 要　　　f 去

五. 翻译 번역

1. 날씨가 풀렸습니다.

2. 밖에 비가 왔습니다.

3. 나는 인터넷에서 자료를 찾고 있습니다.

4. 조금 있다가 우리는 야구경기를 보러 갈 것입니다.

5. 이것은 소나기이며 조금 있다가 멈출 것입니다.

6. 당신은 먼저 과제를 하세요. 아니면 또 잊을 것입니다.

六. 听写 듣고 쓰기

　　张东明在网上_____资料，金英美觉得他应该_____做作业，因为，他们俩还要去看棒球_____。外面下雨了，不过没关系，那是_____，一会儿就会停。没过多久，天_____了，他们可以去了。

七. 你问我答 물음에 답하세요.

1. 现在你在做什么?

2. 你怎么又来晚了?

3. 你不去看棒球比赛了吗?

4. 今天你几点去首尔?

5. 外面下雨了, 我们现在怎么去学校?

6. 你常在网上做什么?

7. 今天你打算什么时候做作业?

8. 你说我应该先看哪本书?

天气　날씨

晴天
qíngtiān

多云
duōyún

阴天
yīntiān

雨天
yǔtiān

大雾
dàwù

霜冻
shuāngdòng

冰冻
bīngdòng

雪天
xuětiān

台风
táifēng

沙尘暴
shāchénbào

雷电
léidiàn

暴风雨
bàofēngyǔ

第九课

你怎么了？

▶▶ 生词 단어

舒服	shūfu	형	편안하다, 쾌적하다
头	tóu	명	머리
疼	téng	형	아프다
咳嗽	késou	명	기침
		동	기침하다
感冒	gǎnmào	명	감기
		동	감기에 걸리다
病	bìng	명	병, 질병
		동	병나다, 앓다
不用	búyòng	부	~할 필요가 없다
药	yào	명	약, 약물
最好	zuìhǎo	부	제일 좋기는, ~하는 게 제일 좋다
当	dāng	동	~이 되다, 맡다
翻译	fānyì	명	통역(자), 번역(자)
		동	통역하다, 번역하다
感谢	gǎnxiè	동	감사하다
演唱会	yǎnchànghuì	명	콘서트
没事儿	méishìr	동	괜찮다, 무사하다
注意	zhùyì	동	주의하다
白开水	báikāishuǐ	명	끓인 물
保重	bǎozhòng	동	건강에 주의하다, 몸 조심 하세요!
只	zhǐ	부	단지, 다만
还有	háiyǒu	접	그리고, 또한
自己	zìjǐ	대	자신, 스스로
陪	péi	동	모시다, 동반하다
建议	jiànyì	동	건의하다
		명	건의
完	wán	동	마치다, 끝나다, 완성하다

张东明： 你 怎么 了？不 舒服 吗？
Nǐ zěnme le？Bù shūfu ma？

金英美： 对，我 头疼，还 有点儿 咳嗽，可能 是 感冒 了。
Duì, wǒ tóuténg, hái yǒudiǎnr késou, kěnéng shì gǎnmào le.

张东明： 去 看 医生 了 没有？
Qù kàn yīshēng le méiyǒu？

金英美： 没 去。这 点儿 小 病，不用 去 医院。
Méi qù. Zhè diǎnr xiǎo bìng, búyòng qù yīyuàn.

张东明： 吃 药 了 没有？
Chī yào le méiyǒu？

金英美： 吃 了。我 想 吃 了 药 就 会 好 的。
Chī le. Wǒ xiǎng chī le yào jiù huì hǎo de.

张东明： 我 觉得 你 最好 去 医院 看看。
Wǒ juéde nǐ zuìhǎo qù yīyuàn kànkan.

金英美： 可是 我 还 不太 会 说 汉语 呢。
Kěshì wǒ hái bútài huì shuō Hànyǔ ne.

张东明： 没 关系，我 跟 你 一起 去，我 能 给 你 当 翻译。
Méi guānxi, wǒ gēn nǐ yìqǐ qù, wǒ néng gěi nǐ dāng fānyì.

金英美： 那 太 感谢 你 了。你 现在 就 能 和 我 一起 去 吗？
Nà tài gǎnxiè nǐ le. Nǐ xiànzài jiù néng hé wǒ yìqǐ qù ma？

张东明： 当然 可以。对了，今 晚 的 演唱会 你 还 能
Dāngrán kěyǐ. Duìle, jīn wǎn de yǎnchànghuì nǐ hái néng
去 听 吗？
qù tīng ma？

金英美： 没事儿，能 去。
Méishìr, néng qù.

张东明： 那 你 要 注意 休息，多 喝 点儿 白开水。
Nà nǐ yào zhùyì xiūxi, duō hē diǎnr báikāishuǐ.

金英美： 好。你 也 要 保重 身体。
Hǎo. Nǐ yě yào bǎozhòng shēntǐ.

金英美　可能　感冒 了，她 没 去 医院，因为 觉得 这 只
Jīn Yīngměi kěnéng gǎnmào le, tā méi qù yīyuàn, yīnwèi juéde zhè zhǐ

是 小 病，还有 她 的 汉语 也 不太 好，不 能 自己 去 看 医生。
shì xiǎo bìng, háiyǒu tā de Hànyǔ yě bútài hǎo, bù néng zìjǐ qù kàn yīshēng.

东明　　说 可以 陪 她 去 医院，还 建议 她 多 喝 白开水。看 完
Dōngmíng shuō kěyǐ péi tā qù yīyuàn, hái jiànyì tā duō hē báikāishuǐ. Kàn wán

医生， 他们 要 去 听 演唱会。
yīshēng, tāmen yào qù tīng yǎnchànghuì.

1. 동태조사 '了'

동태조사 '了'는 주로 동사 뒤에 쓰여 동작이나 행위의 완료를 나타낸다. 부정형일 때는 술어 앞에 '没'를 붙이고, 문장 끝에 '了'를 빼면 된다.

예: 我想吃了药就会好的。

他今天没来学校。

의문문의 경우에는 '吗'를 문장 끝에 붙이면 된다. 이 때 '동사+了+没有' 형태의 긍정부정의문문을 사용해도 된다.

예: 去看医生了吗?

去看医生了没有?

2. 능원동사 '能'과 '会'

능원동사 '能'과 '会'는 모두 어떤 일을 할 능력이 있음을 나타낼 때 사용되지만, '能'은 어떤 능력을 갖추었음을 나타내고, '会'는 학습을 통해서 어떤 기능을 습득하여 할 수 있음을 나타낸다. 처음으로 어떤 것을 배워서 할 수 있으면 '会'를 쓰고, 어떤 능력을 회복했을 때 혹은 가지고 있는 능력이 어떤 수준에 도달 할 때는 '能'을 쓴다.

예: 我能给你当翻译。

你会开车吗?

一. 朗读 낭독

当学生	当老师	当医生	当翻译
多喝水	多休息	多看书	多保重
会开车	会说汉语	会用电脑	会写汉字
喝了一杯水	吃了两碗饭	吃了一点儿药	做了很多作业
吃了药就去休息	吃了饭就去学校	喝了水再去唱歌	做了作业再看电视

二. 替换练习 교체연습

1. 我觉得你最好 <u>去医院看看</u>。
   先试试再买
   明天去邮局
   不要打电话
   多喝点儿白开水

2. <u>看医生</u>　了没有?
   吃饭
   下雨
   拍照
   听演唱会

三. 填空 빈칸 채우기

（一）选词填空 알맞은 단어를 선택하세요.

（ 注意　陪　舒服　不用　建议　当 ）

1. 我身体不太_____，晚上不去听演唱会了。

2. 他说他想_____公务员。

3. 最近天很冷，要_____别生病了。

4. 明天我朋友要去买衣服，我想_____她去。

5. 浅色的衣服容易脏，我_____你买深色的。

6. 他的头不疼了，_____去医院了。

补充生词 보충단어

冷	lěng	형	춥다

（二）用"能"、"会"填空 '能', '会'로 빈칸 채우기

1. 今天下午我有课，不____和你一起去逛街。

2. 他的专业是汉语，他____说汉语。

3. 我不____韩语，你____说英语吗?

4. 他____游泳，____游1000米呢。

5. 他的脚好了，又____走路了。

6. 这个照相机你____用吗?

7. 你觉得明天_____下雨吗?

补充生词 보충단어

米	mǐ	양	미터
脚	jiǎo	명	발

四. 排序 문장 순서 배열

1. a 吃　　b 感冒药　c 我　　　d 了

2. a 保重　b 你　　　c 要　　　d 也　　　e 身体

3. a 看　　b 了　　　c 没有　　d 你　　　e 医生　　f 去

4. a 喝　　b 白开水　c 点儿　　d 最好　　e 你　　　f 多

5. a 东明　b 英美　　c 可以　　d 陪　　　e 去　　　f 看病

6. a 你　　b 棒球　　c 去　　　d 看　　　e 吗　　　f 比赛

五. 翻译 번역

1. 몸이 편찮으십니까?

2. 저는 머리가 아프며 기침도 조금 합니다.

3. 저는 감기약을 먹었습니다.

4. 당신은 병원에 가보는 것이 좋을 것 같다고 생각합니다.

5. 제가 당신에게 통역을 해 드릴 수 있습니다.

6. 오늘 저녁에 있는 콘서트는 당연히 갈 수 있습니다.

六. 听写　듣고 쓰기

　　金英美可能感冒了，她_____去医院，因为_____这只是小病，还有她的汉语也不太好，不能_____去看医生。东明说可以_____她去医院，还建议她多喝_____。看完医生，他们要去听_____。

七. 你问我答　물음에 답하세요.

1. 你怎么了？
2. 你哪儿不舒服？
3. 最近，你为什么去看医生了？
4. 你常去哪家医院？
5. 他的英语怎么样？
6. 谁和你一起去医院？
7. 今晚的演唱会你怎么去呢？
8. 感冒的时候，我们应该注意什么？

● 病症 질병

头晕

tóuyūn

发烧

fāshāo

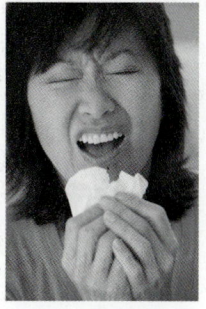

打喷嚏

dǎ pēntì

流鼻涕

liú bítì

眼睛疼

yǎnjing téng

牙疼

yá téng

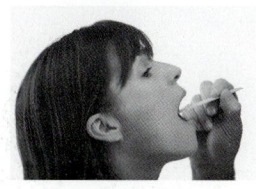

嗓子疼

sǎngzi téng

肚子疼

dùzi téng

呕吐

ǒutù

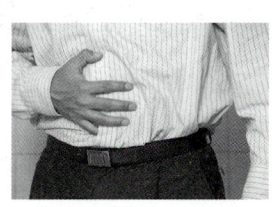

拉肚子

lā dùzi

过敏

guòmǐn

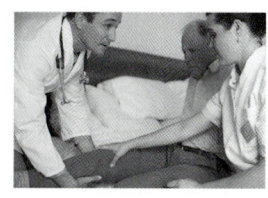

骨折

gǔzhé

第十课

你去过爱宝乐园吗？

▶▶ 生词 단어

过	guo	조	~한 적이 있다
上	shàng	형	(일부 명사 앞에 쓰여 시간이나 순서에서) 먼저, 지난(번)
哪些	nǎxiē	대	어느, 어떤
些	xiē	양	조금, 약간
项目	xiàngmù	명	항목, 종목
听说	tīngshuō	동	듣자니 ~이라 한다
假日	jiàrì	명	휴일, 공휴일
人山人海	rénshānrénhǎi	성어	사람이 수없이 많이 모인 상태, 인산인해를 이루다
野生	yěshēng	형	야생의
动物园	dòngwùyuán	명	동물원
多	duō	수	(수량사 뒤에 쓰여) ~남짓, ~여
小时	xiǎoshí	명	시간
预约	yùyuē	동	예약하다
如果	rúguǒ	접	만일, 만약
远	yuǎn	형	멀다
近	jìn	형	가깝다
刺激	cìjī	형	스릴하다

▶▶ 专有名词 고유명사

爱宝乐园	Àibǎo lèyuán	에버랜드
海盗船	hǎidàochuán	바이킹
过山车	guòshānchē	롤러코스터
自由落体	zìyóuluòtǐ	자이로드롭
乐天世界	Lètiān shìjiè	롯데월드

张东明： 你 去 过 爱宝乐园 吗?
Nǐ qù guo Àibǎo lèyuán ma?

金英美： 当然 去 过。
Dāngrán qù guo.

张东明： 你 是 什么 时候 去 的 爱宝乐园?
Nǐ shì shénme shíhou qù de Àibǎo lèyuán?

金英美： 我 是 上 个 月 去 的。
Wǒ shì shàng ge yuè qù de.

张东明： 你 都 玩儿 了 哪些 项目?
Nǐ dōu wánr le nǎ xiē xiàngmù?

金英美： 我 玩儿 了 海盗船、 过山车, 还有 自由落体。
Wǒ wánr le hǎidàochuán、guòshānchē, háiyǒu zìyóuluòtǐ.

张东明： 听说 爱宝乐园 一 到 假日 就 人山人海。
Tīngshuō Àibǎo lèyuán yí dào jiàrì jiù rénshānrénhǎi.

金英美： 是 啊, 去 野生 动物园 的 时候, 我 还 等 了
Shì a, qù yěshēng dòngwùyuán de shíhou, wǒ hái děng le
一个 多 小时 呢!
yí ge duō xiǎoshí ne!

张东明： 要 等 那么 久 啊?
Yào děng nàme jiǔ a?

金英美： 我 没有 预约。 如果 下 次 你 去 那儿 玩儿, 别 忘
Wǒ méiyǒu yùyuē. Rúguǒ xià cì nǐ qù nàr wánr, bié wàng
了 先 在 网 上 预约 一下。
le xiān zài wǎng shang yùyuē yíxià.

张东明： 我 朋友 说 乐天世界 也 不错, 你 去 过 没有?
Wǒ péngyou shuō Lètiān shìjiè yě búcuò, nǐ qù guo méiyǒu?

金英美： 还 没有, 那儿 太 远 了, 爱宝乐园 比较 近。
Hái méiyǒu, nàr tài yuǎn le, Àibǎo lèyuán bǐjiào jìn.

张东明： 下 次 我们 一起 去 那儿 玩儿, 怎么样?
Xià cì wǒmen yìqǐ qù nàr wánr, zěnmeyàng?

金英美： 那 太 好 了。
Nà tài hǎo le.

张东明　问　金英美有没有去过　爱宝乐园，　英美
Zhāng Dōngmíng wèn Jīn Yīngměi yǒu méiyǒu qù guo Àibǎo lèyuán, Yīngměi

说去过，她是上个月去的。她玩儿了一些很刺激的
shuō qù guo, tā shì shàng ge yuè qù de. Tā wánr le yìxiē hěn cìjī de

项目。乐天世界也不错，就是太远了。东明和英美都
xiàngmù. Lètiān shìjiè yě búcuò, jiùshì tài yuǎn le. Dōngmíng hé Yīngměi dōu

没去过，他们打算下次一起去。
méi qù guo, tāmen dǎsuan xià cì yìqǐ qù.

1. 동태조사 '过'

동사 뒤에 동태조사 '过'를 붙이면 예전에 이와 같은 경험이 있었다는 뜻을 나타낸다. 동사가 목적어를 지닐 때 목적어가 '过' 뒤에 놓여야 한다.

예: 你去过爱宝乐园吗?

我上星期听过演唱会。

2. 是……的

과거에 이미 발생한 동작의 시간, 장소, 방식, 조건, 목적, 대상, 수단 등을 강조하는 문형의 일종이다. 강조하고 싶은 부분을 '是' 와 '的' 사이에 놓으면 된다.

예: 你是什么时候去的爱宝乐园?

我是昨天看的医生。

3. 숫자 + '多'

'多' 는 수량사나 수사 뒤에 쓰여 앞에 있는 수를 초과함을 나타낸다. 수사가 십, 백, 천, 만과 같은 일정 단위의 수(整数)일 경우에 '수사+多+양사' 의 순서로 쓰이며, 그렇지 않다면 '수사+양사+多' 의 순서로 쓰인다.

예: 我等了一个多小时呢!

去北京要十多个小时。

4. 如果

'만약' 의 뜻을 가지고 있다. 가정적인 상황 또는 조건을 나타낸다. '如果……就……' 의 형태로 사용하는 경우도 있다.

예: 如果下次你要去，别忘了先在网上预约一下。

如果他感冒，就不能给我们当翻译了。

一. 朗读 낭독

这些书	那些笔	一些东西	哪些项目
吃过炸酱面	看过那本书	去过动物园	玩过过山车
是昨天看的书	是今天打的电话	是上午去的机场	是上个月回的国
两百多人	一百多元	一个多星期	三十多本书
什么时候走	什么时候上课	什么时候开学	什么时候比赛

二. 替换练习 교체연습

1. 你去过 <u>爱宝乐园</u> 吗?
   上海
   美国
   雪岳山
   乐天世界

2. 听说 <u>爱宝乐园一到假日就人山人海。</u>
   你会说汉语
   他想去听演唱会
   金英美喜欢浅色的衣服
   你们要去拜访王老师

3. 如果 <u>下次你去那儿玩儿，</u> <u>别忘了先在网上预约一下。</u>
   累 就休息一会儿
   下雨 就不去了
   来首尔 别忘了给我打电话
   有学生证 可以买学生票

三. 填空 빈칸 채우기

(听说 多 如果 下次 过 预约)

1. _____你妹妹在北京大学学习汉语。

2. 去大医院看病，最好先_____一下。

3. 他已经病了两个_____星期了。

4. _____明天你有时间，我们一起去拜访王老师吧。

5. 爱宝乐园很好玩，_____你和我一起去吧。

6. 我去_____小王家，我知道他家在哪儿。

四. 排序 문장 순서 배열

1. a 我   b 玩   c 过山车   d 过

2. a 他   b 八点   c 饭   d 吃   e 的   f 是

3. a 去   b 我   c 过   d 没有   e 野生动物园

4. a 衬衫   b 这件   c 在   d 买   e 哪儿   f 的

5. a 建议   b 我   c 你   d 在   e 网上   f 预约   g 先

6. a 我   b 了   c 电视   d 两个   e 小时   f 多   g 看

五. 翻译 번역

1. 저는 저번 달에 에버랜드에 가본 적이 있습니다.

2. 저는 바이킹, 롤러코스터, 그리고 자이로드롭을 탔습니다.

3. 정말 짜릿합니다!

4. 에버랜드는 휴일만 되면 인산인해입니다.

5. 저는 한 시간을 넘게 기다렸습니다.

6. 다음 번에는 먼저 인터넷에서 예약하는 것을 잊지마십시오.

六. 听写   듣고 쓰기

　　张东明问金英美_____去过爱宝乐园，金英美说去过，她是_____去的。她玩儿了一些很_____的项目。乐天世界也不错，就是_____。张东明和金英美都没去过，他们_____下次一起去。

七. 你问我答　물음에 답하세요.

1. 你去过首尔大公园吗?
2. 你是什么时候去的首尔大公园?
3. 在首尔大公园，你都玩了些什么?
4. 在那儿，你还看过什么?
5. 假日乐天世界都有什么游客?
6. 爱宝乐园里的野生动物园怎么样?
7. 请问，在家怎么买乐天世界的票?
8. 你觉得乐天世界怎么样?

中国四季旅游胜地　중국에서 4계절 여행지

春季 (chūnjì 봄)
苏州 (Sūzhōu)　杭州 (Hángzhōu)
중국 강남지역에 위치한 소주(苏州 Sūzhōu)와 항주(杭州 Hángzhōu)는 유명한 관광지이며, 특히 소주의 주장진(周庄镇 Zhōuzhuāngzhèn)과 원림(园林 yuánlín), 항주의 서호(西湖 Xīhú)가 매우 유명하다. 중국에서 '上有天堂, 下有苏杭(하늘에는 천당이 있고, 땅에는 소주와 항주가 있다)'라는 말이 있을 정도이다.

夏季 (xiàjì 여름)
九寨沟(Jiǔzhàigōu)　西藏 (Xīzàng)
사천(四川 Sìchuān) 아바장족창족자치주(阿坝藏族羌族自治州 Ābà Zàngzú Qiāngzú zìzhìzhōu) 의 구채구(九寨沟 Jiǔzhàigōu)는 기괴한 산과 물이 아름다워 많은 여행객을 끌고 있다.
서장(西藏 Xīzàng)의 당구라산(唐古拉山 Tánggǔlāshān) 나무추어(纳木错 Nàmùcuò)은 자연경관이 기묘하고 멋있다. 여름과 가을에 가는 것이 가장 좋다.

秋季 (qiūjì 가을)
北京 (Běijīng)　西安 (Xī'ān)
북경(北京 Běijīng) 가을에는 향산(香山 Xiāngshān)에 가서 단풍을 보면 온 산이 단풍으로 염색을 한 것처럼 아름답다.
서안(西安 Xī'ān)은 중국의 유명한 고대의 수도로서 가장 볼 만한 것은 진시황의 병마용(秦始皇陵兵马俑 Qínshǐhuánglíng bīngmǎyǒng)이다.

冬季 (dōngjì 겨울)
海南岛(Hǎinándǎo)　哈尔滨(Hā'ěrbīn)
해남도(海南岛 Hǎinándǎo)는 휴가를 즐기기에 좋은 곳이고, 아름다운 해변, 푸른 하늘, 모래사장이 있어 신혼 여행지로도 각광을 받고 있으며 계절에 구애 받지 않고 관광할 수 있다.
하얼빈(哈尔滨 Hā'ěrbīn)은 얼음도시로 유명하며 겨울에는 영하 20, 30도까지 떨어진다. 이로 인해 유명한 '빙등제(冰灯节 bīngdēngjié)'가 열리고 있으며 매년 수 백만 명의 관광객이 몰리고 있다.

第十一课

去颐和园怎么走?

▶▶ 生词 단어

打扰	dǎrǎo	동	폐를 끼치다, 방해하다, 지장을 주다
路人	lùrén	명	행인
离	lí	전치	~에서, ~로부터
从	cóng	전치	~부터
打车	dǎ chē	동	택시를 타다
需要	xūyào	동	필요하다, 요구되다
价钱	jiàqián	명	가격
划算	huásuàn	형	수지가 맞다
倒	dǎo	동	(차를) 갈아타다
换乘	huànchéng	동	갈아타다
公交车	gōngjiāochē	명	버스
路	lù	양	버스 노선
		명	길, 도로
一直	yìzhí	부	곧바로, 똑바로
往	wǎng	전치	~을 향해, ~쪽으로
十字路口	shí zì lùkǒu	명	사거리, 교차로
拐	guǎi	동	(방향을) 바꾸다, 돌아가다
师傅	shīfu	명	기예인에 대한 존칭
声	shēng	양	번, 마디(소리를 나타내는 양사)

▶▶ 专有名词 고유명사

颐和园	Yíhéyuán	이화원 (지명)
西直门	Xīzhímén	서직문 (지명)

金英美： 先生， 打扰 一下，去 颐和园 怎么 走？
Xiānsheng, dǎrǎo yíxià, qù Yíhéyuán zěnme zǒu?

路 人： 颐和园 离 这儿 挺 远 的。
Yíhéyuán lí zhèr tǐng yuǎn de.

金英美： 从 这儿 到 那儿，打车 需要 多 长 时间？
Cóng zhèr dào nàr, dǎ chē xūyào duō cháng shíjiān?

路 人： 打车 时间 又 长， 价钱 又 贵，不 划算， 你 还是
Dǎ chē shíjiān yòu cháng, jiàqián yòu guì, bù huásuàn, nǐ háishi
坐 地铁 吧。
zuò dìtiě ba.

金英美： 坐 地铁 需要 倒 车 吗？
Zuò dìtiě xūyào dǎo chē ma?

路 人： 需要。你 得 先 坐 地铁，然后 换乘 公交车。
Xūyào. Nǐ děi xiān zuò dìtiě, ránhòu huànchéng gōngjiāochē.

金英美： 在 哪个 地铁 站 下 车？
Zài nǎge dìtiě zhàn xià chē?

路 人： 在 西直门 站 下 车，然后 倒 ３ ２ １ 路 公交车。
Zài Xīzhímén zhàn xià chē, ránhòu dǎo sān èr yāo lù gōngjiāochē.

金英美： 地铁 站 怎么 走？
Dìtiě zhàn zěnme zǒu?

路 人： 从 这儿 一直 往 前 走，到 下 一 个 十字路口 往
Cóng zhèr yìzhí wǎng qián zǒu, dào xià yí ge shí zì lùkǒu wǎng
左 拐 就 是 了。
zuǒ guǎi jiù shì le.

（在 公交车 站 ）
(Zài gōngjiāochē zhàn)

金英美： 师傅， 请问， 这 路 车 到 颐和园 吗？
Shīfu, qǐngwèn, zhè lù chē dào Yíhéyuán ma?

师 傅： 到。
Dào.

金英美： 到 颐和园 请 告诉 我 一 声， 好 吗？
Dào Yíhéyuán qǐng gàosu wǒ yì shēng, hǎo ma?

师 傅： 行， 没 问题。
Xíng, méi wèntí.

金英美　问　路人　颐和园　　怎么　去。路人　说　颐和园　离　这儿　挺
Jīn Yīngměi wèn lùrén Yíhéyuán zěnme qù. Lùrén shuō Yíhéyuán lí zhèr tǐng

远　的，打　车　不　划算，坐　地铁　在　西直门　站　下　车，然后　倒　公
yuǎn de, dǎ chē bù huásuàn, zuò dìtiě zài Xīzhímén zhàn xià chē, ránhòu dǎo gōng

交车　比较　好。从　这儿　一直　往　前　走，到　下　一　个　十字路口　往
jiāochē bǐjiào hǎo. cóng zhèr yìzhí wǎng qián zǒu, dào xià yí ge shí zì lùkǒu wǎng

左　拐　就　是　地铁　站。
zuǒ guǎi jiù shì dìtiě zhàn.

1. 전치사 '离', '从', '往'

전치사 '离', '从', '往' 는 모두 처소사와 함께 부사어로 사용된다.

'离' 는 공간 혹은 시간상 두 지점 사이의 거리를 나타낼 때 사용한다.

예: 爱宝乐园离这儿远吗?

'从' 은 공간 혹은 시간상의 기점 및 출발점을 나타낸다.

예: 从这儿到那儿，打车需要多长时间?

'往' 은 동작의 방향을 나타낸다.

예: 从这儿一直往前走，到下一个十字路口往左拐就是了。

2. 先……然后……

'먼저 ~하고, 그리고 ~하다' 라는 뜻이다. 동작 발생의 순서를 나타낸다.

예: 你得先坐地铁，然后换乘公交车。

我先玩了海盗船、过山车，然后去了野生动物园。

练习 연습

一. 朗读 낭독

往前走	往后看	往右拐	往教学楼走
需要人	需要时间	需要运动	需要倒车
离这儿近	离那儿远	离图书馆挺近的	离你家不太远
从这儿到那儿	从我家到学校	从图书馆到宿舍	从星期一到星期五
到十字路口往左拐	到西直门站下车	到颐和园告诉我一声	到北大换乘公交车

二. 替换练习 교체연습

1.
打车	时间	又 长，	价钱	又 贵。
坐地铁	时间	短	票价	不贵
这个食堂	价钱	贵	菜	不好吃
这件衬衫	样子	好看	价钱	便宜

2.
你得先	坐地铁，	然后	换乘公交车 。
	上网		查资料
	吃饭		看电视
	看书		听音乐
	走到十字路口		往左拐

三. 填空 빈칸 채우기

（ 划算　离　往　拐　倒　从 ）

1. 你家_____学校远吗?

2. ____你家到学校，坐火车要几个小时?

3. 一直____前走十分钟，那儿有一家银行。

4. 坐地铁去天安门，需要____车吗?

5. 现在的苹果又贵又不好吃，如果买的话，太不_____了。

6. 一直走，然后往右____，我们的教室就在那儿。

<table>
<tr><td colspan="3">补充生词 보충단어</td></tr>
<tr><td>家</td><td>jiā</td><td>양 점포, 공장 등을 세는 양사</td></tr>
</table>

四. 排序 문장 순서 배열

1. a 去   b 走   c 怎么   d 爱宝乐园
2. a 到   b 路   c 车   d 这   e 首尔火车站
3. a 这儿 b 从   c 往   d 一直 e 前   f 走
4. a 我家 b 学校 c 挺   d 的   e 远   f 离
5. a 去   b 打车 c 需要 d 时间 e 多长 f 学校
6. a 第二 b 往   c 拐   d 个   e 右   f 到   g 十字路口

五. 翻译 번역

1. 이화원은 이 곳 으로부터 매우 멉니다.

2. 택시를 타면 가격에 맞지 않습니다.

3. 지하철을 이용하는 편이 좋습니다.

4. 지하철을 타면 한 번 환승해야 하며 버스를 갈아타야 합니다.

5. 여기에서부터 계속 직진하시면 다음 사거리에 지하철역이 바로 있습니다.

6. 기사님, 이화원에 도착하면 좀 알려주십시오.

六. 听写   듣고 쓰기

金英美问路人颐和园怎么去。路人说颐和园_____这儿挺远的，打车不 _____，坐地铁要在西直门站下车，然后_____公交车比较好。_____这儿一直往前走，_____下一个十字路口_____左拐就是地铁站。

七. 你问我答 물음에 답하세요.

1. 打扰一下，这附近有什么地铁站?
2. 请问，去地铁站怎么走?

3. 从这儿到那儿，走路需要多长时间?

4. 打车需要多少分钟?

5. 要是坐公交车，需要坐几路?

6. 你家离学校远吗?

7. 你常坐什么车回家?

8. 如果你打车回家，需要多少钱?

◉ 问路　길 묻기

길을 물을 때 쓰는 말:

A: 你好，请问去火车站怎么走？

B: 对不起，我也不知道，你去问问别人吧。

안녕하세요. 기차역은 어떻게 갑니까?

죄송합니다. 저도 모르겠는데요. 다른 분한테 여쭤보시죠.

A: 打扰(dǎrǎo)一下，您给我指(zhǐ)一下路，好吗？

B: 没问题，您要去哪儿？

실례지만, 길 좀 알려주시겠어요?

네, 어디 가실려구요?

A: 请问，百货大楼(bǎihuò dàlóu)离这儿远吗？

B: 从这儿一直往前走，往右拐就到了。

말씀 좀 여쭙겠는데요, 백화점은 여기서 멉니까?

여기서 쭉 앞으로 걸어가서, 오른쪽으로 가면 바로 됩니다.

A: 附近有什么标志性(biāozhìxìng)建筑(jiànzhù)吗？

B: 对面有一家很大的书店。

부근에 무슨 특색 있는 건물이 있나요?

맞은 편에 큰 서점이 있습니다.

A: 我坐几路公共汽车 (gōnggòng qìchē)可以到那里呢？

B: 坐2路公共汽车就可以到那里。

몇 번 버스를 타고 그 곳까지 가야 하나요?

2번 버스를 타면 갈 수 있어요.

A: 走路去需要多长时间呢？

B: 大概十分钟。

걸어가면 시간이 얼마나 걸리나요?

한 십분 정도요.

第十二课
我们去旅行吧!

▶▶ 生词 **단어**

咱们	zánmen	대	우리(들)
考试	kǎoshì	동	시험을 치다
		명	시험, 고시
节	jié	양	교시
课	kè	명	수업, 강의
复习	fùxí	동	복습하다
累	lèi	형	피곤하다
坏	huài	형	~하여 죽겠다
好好儿	hǎohāor	부	잘, 마음껏, 충분히
地	de	조	동사나 형용사를 수식하는 말 뒤에 붙는 구조조사
旅行	lǚxíng	동	여행하다
特别	tèbié	부	특히, 유달리
		형	특별하다, 특이하다
好玩儿	hǎowánr	형	재미있다, 흥미있다
老家	lǎojiā	명	고향, 고향집
请	qǐng	동	초대하다, 대접 하다
有名	yǒumíng	형	유명하다
早就	zǎojiù	부	벌써, 오래전에, 일찌감치
到时候	dào shíhou		그때가 되서
船	chuán	명	배, 선박
比	bǐ	전치	~에 비해, ~보다
痛快	tòngkuài	형	통쾌하다, 유쾌하다, 즐겁다

▶▶ 专有名词 **고유명사**

济州岛	Jìzhōudǎo	제주도(지명)

张东明： 咱们 明天 什么 时候 考试?
Zánmen míngtiān shénme shíhou kǎoshì?

金英美： 明天 第 一 节 课 考试。 你 复习 完 了 吗?
Míngtiān dì yī jié kè kǎoshì. Nǐ fùxí wán le ma?

张东明： 我 复习 完 了。 你 呢?
Wǒ fùxí wán le. Nǐ ne?

金英美： 我 还 没 呢。
Wǒ hái méi ne.

张东明： 你 复习 到 第 几 课 了?
Nǐ fùxí dào dì jǐ kè le?

金英美： 第 十六 课。
Dì shíliù kè.

张东明： 一定 累 坏 了 吧? 考 完 试， 我们 好好儿 地 玩儿 几
Yídìng lèi huài le ba? Kǎo wán shì, wǒmen hǎohāor de wánr jǐ

天 吧。
tiān ba.

金英美： 你 喜欢 旅行 吗?
Nǐ xǐhuan lǚxíng ma?

张东明： 特别 喜欢! 韩国 哪儿 好玩儿 呢?
Tèbié xǐhuan! Hánguó nǎr hǎowánr ne?

金英美： 我 老家 在 济州岛， 我 请 你 去 那儿 逛逛 好 吗?
Wǒ lǎojiā zài Jìzhōudǎo, wǒ qǐng nǐ qù nàr guàngguang hǎo ma?

张东明： 真 的 吗? 听说 济州岛 很 有名。 我 早就 想 去
Zhēn de ma? Tīngshuō Jìzhōudǎo hěn yǒumíng. Wǒ zǎojiù xiǎng qù

看看 了。
kànkan le.

金英美： 到 时候 你 可以 在 我 家 舒舒服服 地 休息 两 天。
Dào shíhou nǐ kěyǐ zài wǒ jiā shūshufufu de xiūxi liǎng tiān.

张东明： 我们 怎么 去 好 呢? 坐 船 去 怎么样?
Wǒmen zěnme qù hǎo ne? Zuò chuán qù zěnmeyàng?

金英美： 好 啊! 坐 船 比 坐 飞机 便宜。
Hǎo a! Zuò chuán bǐ zuò fēijī piányi.

张东明： 坐 船 还 比 坐 飞机 有意思!
Zuò chuán hái bǐ zuò fēijī yǒuyìsi!

张东明 和 金英美 明天 有 考试。东明 已经 复习 完 了，
Zhāng Dōngmíng hé Jīn Yīngměi míngtiān yǒu kǎoshì. Dōngmíng yǐjīng fùxí wán le,

英美 复习 到 第 十六 课。考 完 试 后，他们 打算 去 英美 的 老
Yīngměi fùxí dào dì shíliù kè. Kǎo wán shì hòu, tāmen dǎsuan qù Yīngměi de lǎo

家 济州岛 痛痛快快 地 玩儿 几 天。他们 想 坐 船 去，因为
jiā Jìzhōudǎo tòngtongkuàikuài de wánr jǐ tiān. Tāmen xiǎng zuò chuán qù, yīnwèi

坐 船 又 便宜 又 有意思。
zuò chuán yòu piányi yòu yǒuyìsi.

1. 결과보어

동작이나 행위의 결과를 보충 설명하는 보어를 결과보어라고 한다. 결과보어는 주로 동사나 형용사를 사용한다.

'完'가 결과보어로 쓰여 동작이나 행위가 끝나거나 완료라는 뜻을 나타낸다.

예: 考完试，我们好好儿地玩儿几天吧。

你复习完了吗?

2. 형용사의 중첩

형용사를 중첩하여 사용하면 일반적으로 성질이나 상태의 정도가 더욱 깊다는 것을 나타낸다. 묘사를 강화하는 작용을 하므로 형용사 앞에 정도부사의 수식이 필요하지 않다.

예: 好好儿 舒舒服服 痛痛快快

3. 구조조사 '地'

형용사 혹은 부사의 뒤에 '地'를 놓아 다음 오는 동사를 수식한다.

주어 + 형용사/부사 + 地 + 동사 + 기타성분

예:

你们	好好儿	地	休息休息	吧。
孩子们	高兴	地	笑	了。

4. '比' 자문 (1)

전치사 '比'를 사용하여 두 개 사물의 성질이나 특징을 비교하는 문장은 '比' 자문이라고 한다. '比' 자문의 어순은 다음과 같다.

A + 比 + B + 형용사

예:

坐船	比	坐飞机	便宜。
坐地铁	比	打车	便宜。

5. 两天

본문에 나오는 '两天'은 이틀을 쉰다는 뜻이 아니라, 몇 일을 쉰다는 뜻을 나타낸다. 이 문장에서의 '两'은 대략적인 수를 나타낸다.

예: 到时候你可以在我家舒舒服服地休息两天。

过两天我去看你。

练习 연습

一. 朗读 낭독

累坏了	忙坏了	饿死了	疼死了
休息两天	学习两天	复习两天	玩儿两天
早就说了	早就知道了	早就饿了	早就累了
吃完饭	上完课	看完电影	复习完汉语
他比你高	这件比那件短	中国比美国大	坐船比坐飞机便宜

补充生词 보충단어

死	sǐ	형	~해 죽겠다

二. 替换练习 교체연습

1.

我们	好好儿	地	玩儿几天	吧！
我们	慢慢儿		走一会儿	
你们	高高兴兴		玩一会儿	
你	舒舒服服		喝点儿茶	
大家	快快乐乐		唱首歌儿	

2.

坐船	比	坐飞机	便宜。
他		我	瘦
哥哥		弟弟	高
苹果		梨	好吃
这件衬衫		那件	划算

补充生词 보충단어

慢	màn	형	느리다
快乐	kuàilè	형	즐겁다
首	shǒu	양	노래를 세는 양사

我明天要回首尔了 **125**

三. 填空　빈칸 채우기

（　早就　便宜　有意思　有名　比　复习　）

1. 明天就要考试了，我还没_____完呢。

2. 济州岛什么东西_____？

3. 听说雪岳山特别美，我_____想去那儿玩儿玩儿了。

4. 我们学校的体育馆____学生会馆大。

5. 这件衬衫不_____，要300块钱呢。

6. 爱宝乐园很好玩，乐天世界也很_____。

四. 排序　문장 순서 배열

1. a 老家　　b 你的　　c 哪儿　　d 在

2. a 星期几　b 考　　　c 试　　　d 完　　　e 你

3. a 去　　　b 旅行　　c 哪儿　　d 我们　　e 好呢

4. a 复习　　b 到　　　c 你　　　d 课　　　e 第几　　　f 了

5. a 地铁　　b 自行车　c 比　　　d 坐　　　e 骑　　　f 快

6. a 他　　　b 休息　　c 两天　　d 想　　　e 舒舒服服地

补充生词　보충단어

自行车	zìxíngchē	명	자전거
骑	qí	동	(동물이나 자전거 등에) 타다

五. 翻译　번역

1. 당신은 내일 언제 시험을 봅니까?

2. 나는 복습을 다 끝냈습니다.

3. 나는 여행을 유난히 좋아합니다.

4. 그녀는 친구를 제주도에 초대하여 구경시켜주고 싶어합니다.

5. 배를 타는 것은 비행기를 타는 것보다 저렴하며 더욱 재미있습니다.

6. 당신은 우리 집에서 며칠 동안 편히 쉴 수 있습니다.

六. 听写   듣고 쓰기

　　张东明和金英美明天有考试。张东明已经复习_____了。金英美复习_____第十六课。考完试后，他们_____去英美的老家济州岛_____玩儿几天。他们想坐船去，因为坐船_____便宜_____有意思。

七. 你问我答   물음에 답하세요.

1. 你什么时候考试?
2. 你汉语复习得怎么样了?
3. 最近你怎么累坏了?
4. 考完试, 你打算做什么?
5. 你喜欢去哪儿旅行?
6. 你觉得韩国哪儿好玩?
7. 你从首尔怎么去济州岛?
8. 坐船和坐飞机哪个更有意思?

○ 中国著名文化自然遗产　유명한 중국문화자연유산

1987년 12월 유네스코에서 최초로 선정한 중국의 세계문화유산은 다음과 같다.

1. 周口店北京猿人遗址 (Zhōukǒudiàn Běijīng yuánrén yízhǐ 주구점 북경 원인 유적지): 북경의 근교에 위치하고 있으며 중국의 구석기 시대의 중요한 유적지이며 불을 이용한 흔적이 발견되어 인간이 불을 이용한 증거를 몇 만 년 앞당기게 한 유적지이다.

2. 长城 (Chángchéng 만리장성): 기원전 5세기 춘추전국시대에 흉노족을 막기 위해 축조되기 시작 하였으며 17세기 명나라 말기 전후까지 2000여 년 동안이나 증축되어 왔다. 동쪽 산해관(山海关 Shānhǎiguān)으로부터 북경, 황하를 지나 감숙성(甘肃省 Gānsùshěng)의 가곡관(嘉峪关 Jiāyùguān)에 이르기까지 장장 6000킬로미터에 달하는 것으로서 중화민족의 자랑스러운 상징이다.

3. 敦煌莫高窟 (Dūnhuáng Mògāokū 둔황 막고굴): 감숙성(甘肃省 Gānsùshěng) 돈황(敦煌 Dūnhuáng)시에 위치하고 있으며 중국 4대 석굴 중 하나이다. 아름다운 벽화와 조각상이 세계에서 유명하다. 불교의 예술 성지로 세계 최대 규모를 자랑한다.

4. 北京故宫 (Gùgōng 고궁): 자금성(紫禁城 Zǐjìnchéng)이라고도 불리며 북경시 중심에 위치하며 1421년에 건축되었고 그 면적은 72만 ㎢에 달한다. 명, 청 시대에 황궁으로, 24명의 황제들이 이곳에서 살았던 중국의 대표적인 궁전이다.

5. 秦始皇陵兵马俑 (Qínshǐhuánglíng bīngmǎyǒng 진시황릉 병마용) 기원전 208년에 건설된 진시황릉으로서 중국에서 가장 규모가 크고 설계가 뛰어나며 보존이 잘 된 황릉이다. 총 면적은 50㎢ 달하며 1974년에 현지주민이 우물을 파다 발견하였다. 내부에는 실제 사람 크기의 전사들, 말과 무기 등의 도자기로 만든 많은 부장품들이 있다.

6. 泰山 (Tàishān 태산): 산동(山东 Shāndōng) 중부에 위치하고 있으며 해발 1545미터이고 5대 명산 중 으뜸으로 불리는 명산이다. 예로부터 중국 국민의 숭배와 민족의 단결을 그리고 국가의 융성을 상징하는 산이다. 12명의 황제가 이곳에 와서 제사를 지낸 바 있다.

본문 번역&
정답 및 해설

본문번역

제1과 요즘 어떻게 지내십니까?

会话 회화

김영미 오래만이다. 요즘 어떻게 지내니?
장동명 잘 지내고 있어. 너는?
김영미 지낼만 해, 좀 바쁠 뿐이야.
장동명 공부는 잘 돼가니?
김영미 잘 돼고 있어.
장동명 맞다, 너 왕 선생님 아니?
김영미 알아.
장동명 왕 선생님 어디 사시는지 알고 있니?
김영미 알아. 우리 학교 근처에 살고있어.
장동명 너 내일 시간 있니?
김영미 있어. 무슨 일 있어?
장동명 내일 우리 함께 왕 선생님 찾아뵙는 건 어때?
김영미 좋아! 우리 뭐 좀 사갈까? 꽃 한 다발을 살까 아니면 과일 한 상자를 살까?
장동명 과일 한 상자 사자.
김영미 좋은 생각이야!

短文 단문

김영미와 장동명은 서로 안부를 묻고 있으며, 그들 모두 잘 지내고 있다. 김영미는 학업은 매우 순조롭지만 좀 바쁠 뿐이다. 그들은 모두 왕 선생님을 알고 있으며, 그들은 내일 시간이 있어서 과일 한 상자를 사서 함께 왕 선생님을 방문할 계획이다.

제2과 주말에 종종 뭘 하십니까?

会话 회화

김영미 너 주말에 종종 무얼 하니?
장동명 난 주로 운동을 하거나 친구와 함께 영화를 보러 가.
김영미 너는 주로 무슨 운동을 하니?
장동명 어떤 때는 테니스를 치기도 하고, 또 어떤 때는 수영을 해. 너는?
김영미 나는 운동을 자주 안 하고, 영화도 거의 안 봐.
장동명 주말에 너는 주로 뭐 하니?
김영미 집에서 TV를 좀 보고 휴식을 취해.
장동명 주말에 친구랑 안 놀아?
김영미 나도 자주 친구랑 만나고, 이야기도 하고 쇼핑 등을 해.
장동명 너희 여자애들은 쇼핑하는 걸 매우 좋아해.
김영미 맞아. 그건 바로 남자애들이 운동 좋아하는 거랑 같은 거야.

短文 단문

주말에 장동명은 자주 운동하고 영화를 본다. 그는 어떤 때는 테니스를 치고, 어떤 때는 수영을 한다. 여자애들은 남자애들과 달라서, 김영미는 집에서 TV보며 쉬고, 친구를 만나 수다를 떨고 혹은 쇼핑하는 것 등을 좋아한다.

제3과 당신의 학교는 어디에 있습니까?

会话 회화

김영미 너희 학교는 어디에 있어?
장동명 인민공원 옆에 있어.
김영미 너희는 어떤 강의동에서 수업 들어?
장동명 1번 강의동에서 수업 받아.

(캠퍼스 안에서)
김영미 저 큰 건물이 1번 강의동이니?
장동명 맞아. 1번 강의동이야.
김영미 우측 저 흰색 고층 건물이 2번 강의동이니?
장동명 아니야. 그건 행정사무동이야. 2번 강의동은 1번 강의동 맞은편이야.

(학생회관 앞)
김영미 학생회관 안에 서점 있지?
장동명 당연히 있지, 2층에 복사실이랑 매점 사이에 있어.
김영미 서점에 컴퓨터 소프트웨어 있니?
장동명 그건 나도 잘 모르겠다.

短文 단문

우리 학교는 인민공원 옆에 있다. 우리는 1번 강의동에서 수업을 받는다. 1번 강의동 우측에는 행정사무동이다. 2번 강의동은 1번 강의동 맞은편에 있다. 학생회관 2층에는 서점이 있다. 나는 서점에 컴퓨터 소프트웨어가 있는지 잘 모른다.

제4과 지금 뭐하고 있습니까?

会话 회화

(동명이 영미에게 전화를 거는 중)
장동명 여보세요. 영미야, 너 뭐해?
김영미 나 지금 친구들이랑 주말에 같이 단풍보러 가려고 의논하고 있는 중이야.
장동명 진짜 잘 됐다! 나도 가고 싶어. 너희 어디로 갈거니?
김영미 우리는 설악산에 갈 계획이야, 너 우리랑 같이 갈래?

장동명	이번 주말에 나는 일이 있어, 다음 주말은 어때?
김영미	잠깐만 기다려, 내가 친구들한테 물어볼게, 의논하고 바로 너한테 알려줄게. …… 미안, 오래 기다렸지.
장동명	괜찮아. 말해 봐.
김영미	친구들도 다음 주에 가는 게 더 좋대.
장동명	너희 어떻게 갈거니? 운전하고 갈거니 아니면 기차타고 갈거니?
김영미	운전하고 갈거야.
장동명	너 운전할 줄 아니?
김영미	아니 못해. 근데 샤오왕이 자기가 할 줄 안데.
장동명	정말 잘 됐다.

短文 단문

동명이가 영미에게 전화를 했을 때 영미는 친구들과 주말에 놀러갈 일에 대해 의논하고 있었다. 동명이도 가고 싶었지만 이번 주말에는 일이 있어 다음 주말에 가고 싶었다. 영미 친구들도 다음 주말에 가는 게 더 좋다고 생각했다. 샤오왕이 운전을 해서 그들을 데리고 갈 것이다.

제5과 사진 한 장 찍어주실 수 있습니까?

会话 회화

(김영미는 설악산 매표서에서 표를 사고 있다.)

김영미	실례합니다. 학생표 한 장에 얼마예요?
매표원	2,000위안 이에요. 학생증 있어요?
김영미	있어요. 5장 학생표 주세요.

(사찰 앞)

김영미	너무 아름답다! 우리 여기서 사진 한 장 찍자.
장동명	좋아. 근데 누가 우리 사진 찍어주지?
김영미	봐, 앞에 사람 하나 온다.
장동명	실례합니다만 저희 사진 한 장만 찍어주시겠어요?
관광객	네, 문제없어요. 근데 저는 카메라를 잘 다룰 줄 몰라요.
장동명	그냥 여기를 누르기면 하면 돼요.
관광객	여기보세요. 하나, 둘, 셋, 치즈…….
장동명	고맙습니다. 영미야, 우리 들어가서 구경하자.
김영미	이 사찰 정말 크다! 다시 한 장 찍자, 어때?
장동명	너 모르니? 사찰 안에서는 사진촬영이 금지 돼 있어.
김영미	진짜 아쉽다! 우리 나가자!

短文 단문

영미와 친구들은 설악산에 있다. 그들은 학생증이 있어서 학생표를 살 수 있었다. 그들은 사진을 찍으려고 하는데, 이때 앞에서 한 관광객이 걸어왔다. 동명이는 그 사람에게 사진을 찍어 달라고 부탁했다. 그러고 나서 그들은 사찰 안으로 들어갔다. 영미는 다시 사진을 한 장 찍고 싶었지만 매우 아쉽게도 사찰 안에서는 사진 촬영이 금지 돼있다.

제6과 좀 짧은 것 있습니까?

会话 회화

판매원	무엇을 구매 하시려고요?
김영미	저는 셔츠를 하나 사고 싶어요. 저기 노란 색 볼 수 있을까요?
판매원	잠시만요. …… 피팅룸은 저기에요.
김영미	이건 좀 기네요, 좀 짧은 거 있나요?
판매원	이걸로 좀 짧은 거요. 어떠세요?
김영미	이건 너무 헐렁해요. 좀 작은 거 있어요?
판매원	남색이랑 빨강색은 좀 작은 게 있어요.
김영미	흰색은 없나요? 저는 흰색을 좋아해요.
판매원	흰색은 보기에는 좋은데 쉽게 더러워지죠. 손님 노랑색은 어떠세요?
김영미	저는 연한 색을 좋아해요.
판매원	손님 이 연한 노랑색 한 번 입어보세요. 요즘 아주 유행하는 스타일이에요.
김영미	이건 크지도 작지도 않고 딱 맞네요.
판매원	이게 좋아요. 모양도 색깔도 모두 괜찮네요.
김영미	그럼 이걸로 할게요.

短文 단문

김영미는 셔츠를 하나 사고 싶었다. 그녀는 노란색이 좋았지만 조금 길게 느껴졌다. 판매원이 그녀에게 좀 짧은 것을 주었지만 너무 헐렁했다. 마지막에 그녀는 연한 노랑색의 그 옷을 사고 싶었다. 그 셔츠는 크지도 작지도 않고 딱 맞았고, 모양과 색깔 모두 좋았다.

제7과 내일 서울로 돌아갑니다.

会话 회화

김영미	나 내일 서울로 돌아가려고 해.
장동명	내일 바로 가야한다고? 왜 이렇게 빨리?
김영미	집에 일이 있어서, 나 일찍 돌아가야 돼.
장동명	내일 내가 너 배웅할게.
김영미	너 공부하느라 바쁠텐데, 배웅 안 해줘도 돼.

장동명   네가 가는데, 내가 어떻게 너를 배웅 안 할
        수가 있겠니? 내일 몇 시 비행기야?
김영미   5시 45분 비행기야.
장동명   내일 11시에 내가 너 있는 곳으로 마중 나갈게.
        우리 같이 밥 한끼 먹자.
김영미   좋아, 그렇게 하자.

(공항에서)
장동명   비행기 곧 뜨겠다. 빨리 들어가!
김영미   응, 나 배웅해줘서 고마워. 내가 집에 도착하자
        마자 너한테 전화할게.
장동명   내 전화번호 확실히 기억했어? 나 네 전화 기다릴게.
김영미   너 서울에 올 때 나한테 연락하는 거 잊지 마.
장동명   꼭 그럴게. 조심히 가!

短文 단문

김영미는 집에 일이 있어 내일 서울로 돌아가려고 한
다. 장동명은 김영미가 비행기 타는 시간을 물었고 그
는 내일 그녀를 공항으로 배웅해주려고 계획하고 있다.
김영미는 장동명에게 서울에 올 때 반드시 자신에게
연락하라고 말했고 장동명은 그녀의 귀국길이 평탄하
도록 기원했다.

제8과 밖에 비가 내립니다.

会话 회화

김영미   너 지금 뭐하니?
장동명   나 인터넷에서 자료 찾고 있어.
김영미   너 왜 숙제는 안 하고 있니? 이따가 우리 야구
        경기 보러 가야잖아. 너 안 갈거니?
장동명   당연히 가야지.
김영미   그럼 좀 더 서둘러줘.
장동명   나한테 10분 만 더 줘.
김영미   내가 보기에 너 숙제 먼저 끝내는 게 좋을 것
        같다. 안 그러면 또 잊어버리겠다.
장동명   알았어. 네 말 들을게.
김영미   저기 봐. 밖에 비온다.
장동명   그럼 우리 오늘 못 가는 건가?
김영미   이건 소나기야, 아마 좀 있으면 그칠 거야.
        …… 봐 비 그쳤어.
장동명   하늘이 맑아졌네! 우리 갈 수 있겠다.

短文 단문

장동명은 인터넷에서 자료를 찾고 있었고, 김영미는 그
가 당연히 먼저 숙제를 끝내야 된다고 생각했다. 왜냐
하면 그들은 야구경기를 보러 가야하기 때문이다. 밖에
비가 왔지만 상관없었다. 그 비는 소나기 여서 잠시 후

바로 그칠 것이다. 오래 지나지 않아 하늘이 맑아져서
그들은 갈 수 있게 되었다.

제9과 무슨 일이세요?

会话 회화

장동명   너 왜그래? 어디 불편해?
김영미   응, 나 머리가 아파, 그리고 기침도 좀 하고,
        아마도 감기 걸렸나 봐.
장동명   병원은 다녀왔니?
김영미   안 갔어. 조금 아파서, 병원 갈 필요없어.
장동명   약은 먹었어?
김영미   먹었어. 약 먹었으니까 곧 괜찮아질 거야.
장동명   내가 보기에 병원 가보는 게 제일 좋을 것
        같은데.
김영미   근데 나 아직 중국어 잘 할 줄 모르잖아.
장동명   괜찮아. 내가 너랑 같이 갈게. 내가 너 통역해
        줄 수 있어.
김영미   그럼 정말 고맙지. 너 지금 나랑 같이 가줄 수
        있니?
장동명   당연하지. 맞다. 오늘 너 저녁에 콘서트 갈 수
        있겠니?
김영미   괜찮아. 갈 수 있어.
장동명   그럼 너 잘 쉬어야 해, 끓인 물 많이 좀 마
        시고.
김영미   응. 너도 건강 조심해.

短文 단문

김영미는 아마도 감기에 걸린 것 같지만 병원에 가지
않았다. 왜냐하면 그저 조금 아플 뿐이었고 중국어도
그리 잘 하지 못해 혼자서 병원에 갈 수 없었다. 동명
이가 그녀를 병원에 같이 가겠다고 말했고 그녀에게
끓인 물을 많이 마시라고 했다. 그들은 병원에 다녀온
후 콘서트에 가려고 한다.

제10과 에버랜드에 가 본 적 있습니까?

会话 회화

장동명   너 에버랜드 가봤어?
김영미   당연히 가봤지.
장동명   너 언제 에버랜드 가봤어?
김영미   지난 달에 갔어.
장동명   너 어떤 기구들 타고 놀았어?
김영미   나 바이킹, 롤러코스터 그리고 자이로드롭
        탔었어.
장동명   들어보니깐 에버랜드는 휴일만 되면 인산인
        해를 이룬다고 하더라.

김영미   맞아. 야생 동물원에 갔을 때 한 시간 이상 기다렸어.
장동명   그렇게나 오래 기다려야하니?
김영미   나는 예약을 안했기 때문이야. 만약 다음에 네가 놀러 갈거면 인터넷에서 예약 먼저 하는 거 잊지마.
장동명   내 친구가 그러는데 롯데월드도 괜찮다며, 너 가봤어?
김영미   아직 안 가봤어, 거긴 너무 멀어. 에버랜드가 비교적 가까워.
장동명   다음에 우리 같이 거기 가서 놀자, 어때?
김영미   그럼 아주 좋지.

短文 단문

장동명은 김영미에게 에버랜드에 가본 적이 있는지 물었다. 김영미는 가봤다고 말했다. 그녀는 지난 달에 다녀왔다. 그녀는 매우 스릴 있는 기구들을 타고 놀았다. 롯데월드도 괜찮지만 너무 멀다. 장동명과 김영미 둘 다 가본 적이 없어서 그들은 다음에 함께 가기로 했다.

제11과 이화원은 어떻게 가야합니까?

会话 회화

김영미   선생님, 실례지만 이화원에 어떻게 가나요?
행인   이화원은 여기서 꽤 멀어요.
김영미   여기서 거기까지 택시타고 가면 얼마나 걸릴까요?
행인   택시타면 시간도 많이 걸리고, 요금도 많이 비싸서 수지가 맞지 않아요. 지하철을 타고 가는 게 좋을거에요.
김영미   지하철을 타면 환승해야 하나요?
행인   그렇죠. 당신은 먼저 지하철을 타고 그러고 나서 버스로 갈아타야 해요.
김영미   어느 지하철역에서 내려야 하나요?
행인   서직문 역에서 내려서 321번 버스로 갈아타세요.
김영미   지하철역은 어떻게 가야 하나요?
행인   여기서 쭉 앞으로 가서 다음 사거라에서 왼쪽으로 돌면 바로 지하철역이에요.

(버스정류장에서)
김영미   기사님, 실례지만 이 버스 이화원 가나요?
기사님   갑니다.
김영미   이화원에 도착하면 말씀 좀 해주세요. 괜찮으시죠?
기사님   그럼요. 문제없어요.

短文 단문

김영미는 행인에게 이화원에 어떻게 가냐고 물었다. 행인은 이화원은 이곳에서 아주 멀어서 택시 타고 가는 것은 타산이 맞지 않고 지하철을 타고 서직문 역에서 내려서 버스로 갈아타는 것이 비교적 좋다고 말했다. 여기서 쭉 앞으로 가서 다음 사거리에서 왼쪽으로 돌면 바로 지하철역이다.

제12과 우리 여행 갑시다!

会话 회화

장동명   우리 내일 언제 시험 봐?
김영미   내일 1교시에 시험 봐. 너 복습 다 했니?
장동명   난 복습 다 했어. 너는?
김영미   나는 아직 다 못했어.
장동명   너 몇 과까지 복습했어?
김영미   16과.
장동명   피곤해 죽겠지? 시험 끝나고 우리 마음껏 며칠 놀자.
김영미   너 여행 좋아해?
장동명   완전 좋아하지! 한국은 어디가 놀기 좋아?
김영미   우리 고향이 제주도야. 내가 너 거기 초대해서 거기 구경시켜 줄까?
장동명   정말이야? 들어보니 제주도 굉장히 유명하던데. 나 옛날부터 가보고 싶었어.
김영미   그때가면 너 우리집에서 며칠 동안 편히 쉬어.
장동명   우리 어떻게 가? 배타고 가는 건 어때?
김영미   좋아! 배가 비행기보다 더 저렴해.
장동명   배 타고 가는 게 비행기 보다 더 재밌어.

短文 단문

장동명과 김영미는 내일 시험이 있다. 동명이는 이미 복습을 다했고 영미는 16과까지 복습했다. 시험을 마치고 그들은 영미의 고향인 제주도에 가서 즐겁게 며칠 놀기로 했다. 그들은 배를 타고 가려고 생각 중이다. 왜냐하면 배를 타고 가는 게 저렴하면서 재미도 있기 때문이다.

第一课

三. 填空 빈칸 채우기
(一) 填量词 양사로 빈칸 채우기
一 盒 水果　　　两 位 老师　　　三 个 人
四 个 月　　　五 束 花　　　六 碗 炸酱面
七 盘 炒饭　　　八 斤 苹果　　　九 本 词典
十 支 笔

(二) 选词填空 알맞은 단어를 선택하세요.
1. 挺　　　2. 比较　　　3. 顺利
4. 知道　　　5. 认识　　　6. 就是

四. 排序 문장순서배열
1. a-d-b-c　　　2. a-c-d-b
3. e-b-d-c-a　　　4. b-a-e-c-d
5. c-e-d-b-a

五. 翻译 번역
1. 最近怎么样?　　　2. 这本书还可以。
3. 学习顺利吗?　　　4. 你认识王老师吗?
5. 买一束花吧?　　　6. 你知道她住哪儿吗?

第二课

三. 填空 빈칸 채우기
1. 很少　　　2. 还是　　　3. 或者
4. 什么的　　　5. 聊天　　　6. 一样

四. 排序 문장순서배열
1. c-b-a-d　　　2. b-d-a-c-e
3. c-a-d-b-e　　　4. a-f-c-b-d-e
5. e-d-c-a-f-b　　　6. a-f-b-d-c-e

五. 翻译 번역
1. 周末我常打网球。　　2. 她喜欢在家休息。
3. 我不常看电影。　　4. 我也常和朋友见面。
5. 周末你不去逛街吗?
6. 女孩子跟男孩子不一样。

第三课

三. 填空 빈칸 채우기
1. 在　　　2. 有　　　3. 是
4. 座　　　5. 中间　　　6. 清楚

四. 排序 문장순서배열
1. a-c-d-b　　　2. a-c-d-e-b
3. c-d-b-e-a　　　4. a-b-e-c-d
5. a-e-f-d-c-b　　　6. a-c-b-f-d-e

五. 翻译 번역
1. 你们学校在什么地方?
2. 你常在哪座教学楼上课?
3. 书店里有电脑软件吗?
4. 右边是教学楼。
5. 书店在复印室和小卖部中间。
6. 办公楼在学生会馆对面。

第四课

三. 填空 빈칸 채우기
1. 打算　　　2. 马上　　　3. 在
4. 不过　　　5. 更　　　6. 怎么

四. 排序 문장순서배열
1. d-a-c-b　　　2. c-a-d-b
3. e-d-a-c-b　　　4. d-c-b-a-f-e
5. a-f-c-b-d-e　　　6. a-e-b-f-c-d

五. 翻译 번역
1. 我正在和朋友们商量。
2. 我马上告诉你。
3. 你们开车去还是坐火车去?
4. 你会开车吗?
5. 我们打算去雪岳山。
6. 他们也说下周去更好。

第五课

三. 填空 빈칸 채우기
1. 拍　　　2. 然后　　　3. 可惜
4. 能　　　5. 游客　　　6. 售票处

四. 排序 문장순서배열
1. c-a-b-d　　　2. a-c-d-e-b
3. d-a-c-b-e　　　4. c-a-e-d-b
5. e-c-d-f-a-b　　　6. e-a-d-b-f-c-g

五. 翻译 번역
1. 学生票一张多少钱?
2. 我们在这儿拍张照片吧。

3. 您能给我们拍张照片吗?
4. 寺庙里不能拍照。
5. 太可惜了!
6. 您只要按这儿就行了。

第六课

三. 填空 빈칸 채우기
1. 小 2. 有点儿 3. 一点儿
4. 容易 5. 合适 6. 颜色

四. 排序 문장순서배열
1. b－c－a－d 2. d－a－b－c－e
3. e－c－a－b－d 4. c－e－a－d－b－f
5. d－a－e－c－f－b 6. e－a－d－b－f－c

五. 翻译 번역
1. 试衣间在那儿。 2. 这件衬衫又大又长。
3. 白色容易脏。 4. 您试试浅黄色的。
5. 最近蓝色挺流行的。
6. 这件衣服不大不小正合适。

第七课

三. 填空 빈칸 채우기
1. 得 2. 送 3. 接
4. 顿 5. 一定 6. 联系

四. 排序 문장순서배열
1. c－a－d－b 2. c－a－d－b－e
3. d－c－a－e－b 4. a－c－d－f－b－e
5. e－a－b－f－d－c 6. g－c－a－d－b－e－f

五. 翻译 번역
1. 几点的飞机? 2. 我明天去送你。
3. 我们一起吃顿饭吧。
4. 我一到家就给你打电话。
5. 我明天要回上海了。
6. 你来北京的时候,别忘了和我联系。

第八课

三. 填空 빈칸 채우기
1. 资料 2. 下 3. 不然

4. 因为 5. 又 6. 再

四. 排序 문장순서배열
1. c－b－a－d 2. e－a－c－d－b
3. d－a－e－b－c 4. e－a－b－d－c
5. a－f－e－b－d－c 6. a－b－e－f－d－c

五. 翻译 번역
1. 天晴了。 2. 外面下雨了。
3. 我在网上查资料。
4. 一会儿我们要去看棒球比赛。
5. 这是阵雨,一会儿就会停。
6. 你先作业吧,不然又忘了。

第九课

三. 填空 빈칸 채우기
(一) 选词填空 알맞은 단어를 선택하세요.
1. 舒服 2. 当 3. 注意
4. 陪 5. 建议 6. 不用

(二) 用 '能','会' 填空 '能','会' 로 빈칸채우기
1. 能 2. 会 3. 会,会
4. 会,能 5. 能 6. 会 7. 会

四. 排序 문장순서배열
1. c－a－d－b 2. b－d－c－a－e
3. d－f－a－e－b－c 4. e－d－f－a－c－b
5. a－c－d－b－e－f 6. a－c－d－b－f－e

五. 翻译 번역
1. 你身体不舒服吗?
2. 我头疼,还有点儿咳嗽。
3. 我吃了感冒药。
4. 我觉得你最好去医院看看。
5. 我能给你当翻译。
6. 今晚的演唱会当然能去。

第十课

三. 填空 빈칸 채우기
1. 听说 2. 预约 3. 多
4. 如果 5. 下次 6. 过

四. 排序 문장순서배열
1. a – b – d – c
2. a – f – b – d – e – c
3. b – d – a – c – e
4. b – a – c – e – d – f
5. b – a – c – g – d – e – f
6. a – g – b – d – f – e – c

五. 翻译 번역
1. 我上个月去过爱宝乐园。
2. 我玩了海盗船、过山车和自由落体。
3. 真的很刺激!
4. 爱宝乐园一到假日就人山人海。
5. 我等了一个多小时。
6. 下次你别忘了先在网上预约一下。

第十一课

三. 填空 빈칸 채우기
1. 离
2. 从
3. 往
4. 倒
5. 划算
6. 拐

四. 排序 문장순서배열
1. a – d – c – b
2. d – b – c – a – e
3. b – a – d – c – e – f
4. a – f – b – c – e – d
5. a – f – b – c – e – d
6. f – a – d – g – b – e – c

五. 翻译 번역
1. 颐和园离这儿挺远的。
2. 打车不划算。
3. 你还是坐地铁吧。
4. 坐地铁要倒一次车,然后换乘公交车。
5. 从这儿一直往前走,下一个十字路口就是地铁

站了。
6. 师傅,到颐和园请告诉我一声吧。

第十二课

三. 填空 빈칸 채우기
1. 复习
2. 有名
3. 早就
4. 比
5. 便宜
6. 有意思

四. 排序 문장순서배열
1. b – a – d – c
2. e – a – b – d – c
3. d – a – c – b – e
4. c – a – b – e – d – f
5. d – a – c – e – b – f
6. a – d – e – b – c

五. 翻译 번역
1. 你明天什么时候考试?
2. 我都复习完了。
3. 我特别喜欢旅行。
4. 她想请朋友到济州岛玩儿玩儿。
5. 坐船比坐飞机便宜还有意思。
6. 你可以在我们家舒舒服服地休息两天。

A

啊	a	감탄사	2
爱宝乐园	Àibǎo lèyuán	에버랜드	10
按	àn	누르다	5

B

拜访	bàifǎng	방문하다	1
白开水	báikāishuǐ	끓인 물	9
白色	báisè	흰색, 백색	3
棒	bàng	훌륭하다, 좋다	4
办公楼	bàngōnglóu	행정사무동	3
棒球	bàngqiú	야구	8
保重	bǎozhòng	건강에 주의하다	9
北	běi	북쪽	3
杯	bēi	잔, 컵	1
本	běn	권(양사)	1
比	bǐ	~에 비해, ~보다	12
别	bié	~하지 마라	7
比较	bǐjiào	비교적	1
比赛	bǐsài	시합(하다)	8
病	bìng	병, 질병	9
不错	búcuò	좋다	6
不过	búguò	그런데, 그러나	4
不然	bùrán	그렇지 않으면	8
不用	búyòng	~할 필요가 없다	9

C

查	chá	조사하다, 찾다	8
长	cháng	길다	6
超市	chāoshì	슈퍼마켓	3
车	chē	자동차	4
衬衫	chènshān	셔츠	6
迟到	chídào	지각하다	8
船	chuán	배, 선박	12
穿	chuān	입다	6
出去	chūqù	나가다	5
刺激	cìjī	스릴하다	10
从	cóng	~부터	11

D

打	dǎ	치다, (전화를)걸다	2
打车	dǎ chē	택시를 타다	11
带	dài	데리(고 다니)다; (몸에)지니다	4
当	dāng	~이 되다, 맡다	9
当然	dāngrán	당연히, 물론	3
到	dào	도착하다, 이르다	7
倒	dǎo	(차를) 갈아타다	11
到时候	dào shíhou	그때가 되서	12
打扰	dǎrǎo	폐를 끼치다	11
打算	dǎsuàn	계획하다	4
地	de	구조조사	12

地方	dìfang	장소	3
定	dìng	결정하다, 확정하다	7
得	děi	~해야 한다	7
电视	diànshì	텔레비전	2
电影	diànyǐng	영화	2
电影院	diànyǐngyuàn	영화관	3
东	dōng	동쪽	3
动物园	dòngwùyuán	동물원	10
东西	dōngxi	물건	1
动作	dòngzuò	동작, 행동	8
短	duǎn	짧다	6
对面	duìmiàn	맞은편, 건너편	3
顿	dùn	끼니(식사의 횟수)	7
多	duō	~남짓, ~여	10
多久	duōjiǔ	오랫 동안, 얼마 동안	8

F

翻译	fānyì	통역/번역(자); 통역/번역하다	9
肥	féi	헐렁하다	6
飞机	fēijī	비행기	7
飞机场	fēijīchǎng	공항	7
枫叶	fēngyè	단풍잎	4
分钟	fēnzhōng	분(시간단위)	8
复习	fùxí	복습하다	12
复印室	fùyìnshì	복사실	3

G

感冒	gǎnmào	감기, 감기에걸리다	9
感谢	gǎnxiè	감사하다	9
高	gāo	높다	3
告诉	gàosu	알리다	4
跟	gēn	~와, ~과	2
更	gèng	더, 더욱, 훨씬	4
公交车	gōngjiāochē	버스	11
拐	guǎi	돌아가다	11
过	guo	~한 적이 있다	10
过	guò	지나다, 지내다	8
过山车	guòshānchē	롤러코스터	10

H

海盗船	hǎidàochuán	바이킹	10
还可以	háikěyǐ	나쁘지 않다, 괜찮다	1
还是	háishi	아니면; 여전히; ~하는 편이 좋다	1
还有	háiyǒu	그리고, 또한	9
好好儿	hǎohāor	잘, 마음껏, 충분히	12
好看	hǎokàn	보기 좋다, 예쁘다	6
好玩儿	hǎowánr	재미있다	12
盒	hé	박스, 케이스	1
很少	hěnshǎo	드물다	2
合适	héshì	알맞다, 적당하다	6

红	hóng	붉다, 빨갛다	6
后	hòu	뒤	3
花	huā	꽃	1
坏	huài	~하여 죽겠다	12
还	huán	돌려주다	5
换乘	huànchéng	갈아타다	11
黄	huáng	누렇다	6
划算	huásuàn	수지가 맞다	11
会	huì	~할 수 있다; ~할 가능성이 있다	4
回答	huídá	대답하다	5
回去	huíqù	돌아 가다	7
火车	huǒchē	기차	4
或者	huòzhě	혹은	2
互相	hùxiāng	서로, 상호	1

J

家	jiā	점포 등을 세는 양사	11
件	jiàn	옷, 일 따위의 양사	6
见面	jiànmiàn	만나다	2
建议	jiànyì	건의(하다)	9
脚	jiǎo	발	9
教	jiāo	가르치다	5
教学楼	jiàoxuélóu	교실 건물, 강의동	3
价钱	jiàqián	가격	11
假日	jiàrì	휴일, 공휴일	10
节	jié	교시	12
借	jiè	빌리다	5
接	jiē	마중하다	7
近	jìn	가깝다	10
景福宫	Jǐngfúgōng	경복궁	5
进去	jìnqù	들어가다	5
就	jiù	확고함을 나타냄	2
旧	jiù	오래되다, 낡다	6
就是	jiùshì	~뿐이다	1
济州岛	Jìzhōudǎo	제주도(지명)	12
记住	jìzhù	확실히 기억해 두다	7

K

开	kāi	운전하다	4
看	kàn	보다; ~라고 여기다	2
考试	kǎoshì	시험(을 치다)	12
课	kè	수업, 강의	12
渴	kě	목마르다	1
可能	kěnéng	아마도	8
可是	kěshì	그러나, 그렇지만	5
咳嗽	késou	기침(하다)	9
可惜	kěxī	아쉽다, 애석하다	5
快	kuài	빠르다; 곧	7
快乐	kuàilè	즐겁다	12

L

蓝	lán	남빛(의), 남색의	6
老家	lǎojiā	고향, 고향집	12
累	lèi	피곤하다	12
冷	lěng	춥다	9
乐天	Lètiān	롯데월드	10
世界	shìjiè		
离	lí	~에서, ~로부터	11
里	lǐ	안, 속	2
俩	liǎ	두 개, 두 사람	8
联系	liánxì	연락하다	7
聊	liáo	한담하다, 잡담하다	2
聊天	liáotiān	이야기를 나누다	2
路	lù	버스 노선; 길, 도로	11
路人	lùrén	행인	11
旅行	lǚxíng	여행하다	12

M

麻烦	máfan	번거롭게 하다	5
慢	màn	느리다	12
马上	mǎshang	곧, 바로, 즉시	4
美	měi	아름답다, 예쁘다	5
没事儿	méishìr	괜찮다, 무사하다	9
没问题	méi wèntí	문제 없다	5
米	mǐ	미터	9

N

那	nà	그러면	8
哪个	nǎge	어느 (것)	3
那么	nàme	그러면; 그렇게	7
南	nán	남쪽	3
男孩子	nánháizi	사내아이, 소년	2
哪些	nǎxiē	어느, 어떤	10
呢	ne	의문어기조사	1
能	néng	~할 수 있다;~해도 된다; ~할 가능성이 있다	5
女孩子	nǚháizi	여자아이, 소녀	2

P

拍	pāi	사진을 찍다	5
陪	péi	모시다, 동반하다	9
票	piào	표	5

Q

骑	qí	(동물이나 자전거를) 타다	12
前	qián	앞	3
浅色	qiǎnsè	연한색	6
巧	qiǎo	공교롭다	4
茄子	qiézi	가지	5
起飞	qǐfēi	이륙하다	7
晴	qíng	맑다	8
请	qǐng	초대하다	12

清楚	qīngchu	분명하다, 명백하다	3			W		
请教	qǐngjiào	가르침을 청하다	5	外	wài	바깥	3
				外面	wàimiàn	바깥, 밖	8
		R		完	wán	마치다, 끝나다	9
然后	ránhòu	연후에	5	忘	wàng	잊다, 잊어버리다	7
人民公园	Rénmín gōngyuán	인민공원	3	往	wǎng	~을 향해, ~쪽으로	11
人山人海	rénshān rénhǎi	사람이 수없이 많이 모인 상태	10	网球	wǎngqiú	테니스	2
				喂	wéi	여보세요	4
容易	róngyi	쉽다	6	问候	wènhòu	안부를 묻다	1
软件	ruǎnjiàn	소프트웨어	3	问题	wèntí	문제, 질문	5
如果	rúguǒ	만일, 만약	10				
						X	
		S		西	xī	서쪽	3
上	shàng	위	3	下	xià	(눈, 비가)내리다; 차에서 내리다	8
上	shàng	먼저, 지난(번)	10	下	xià	나중, 다음	4
上课	shàngkè	수업하다, 강의하다	3	下	xià	아래	3
商量	shāngliang	상의하다, 의논하다	4	先	xiān	먼저, 우선	8
上海	Shànghǎi	상해(지명)	7	想	xiǎng	~하고 싶다	4
深	shēn	(빛깔 따위가) 짙다	6	项目	xiàngmù	항목, 종목	10
声	shēng	번, 마디	11	小卖部	xiǎomàibù	매점	3
什么的	shénmede	~등등, ~들	2	小时	xiǎoshí	시간	10
试	shì	시험삼아 해 보다	6	校园	xiàoyuán	캠퍼스, 교정	3
师傅	shīfu	기예인에 대한 존칭	11	些	xiē	조금, 약간	10
试衣间	shìyìjiān	피팅룸	6	新	xīn	새롭다	6
十字路口	shízìlùkǒu	사거리, 교차로	11	行	xíng	좋다, 괜찮다	5
瘦	shòu	작다; 꼭 끼다	6	休息	xiūxi	쉬다	2
收	shōu	받다	5	西直门	Xīzhímén	서직문 (지명)	11
首	shǒu	노래를 세는 양사	12	雪	xuě	눈	8
首尔	Shǒu'ěr	서울(지명)	7	学生会馆	xuéshēng huìguǎn	학생회관	3
售货员	shòuhuòyuán	점원, 판매원	6				
售票处	shòupiàochù	매표소	5	学生证	xuéshēng zhèng	학생증	5
束	shù	묶음, 다발	1	雪岳山	Xuěyuèshān	설악산(지명)	4
舒服	shūfu	편안하다, 쾌적하다	9	需要	xūyào	필요하다, 요구되다	11
睡	shuì	잠을 자다	7				
顺利	shùnlì	순조롭다	1			Y	
死	sǐ	~해 죽겠다	12	演唱会	yǎnchànghuì	콘서트	9
寺庙	sìmiào	절, 사찰	5	样子	yàngzi	모양	6
送	sòng	배웅하다	7	颜色	yánsè	색, 색채	6
送	sòng	주다, 보내다	5	药	yào	약, 약물	9
		T		要…了	yào…le	막~ 하려고 하다	7
特别	tèbié	특히(하다)	12	野生	yěshēng	야생의	10
疼	téng	아프다	9	一…就…	yí…jiù…	~하자마자 ~하다	7
踢	tī	발길질하다	2	一定	yídìng	반드시, 꼭	7
停	tíng	멎다, 멈추다	8	衣服	yīfu	옷, 의복	6
挺	tǐng	매우, 아주	1	颐和园	Yíhéyuán	이화원 (지명)	11
听说	tīngshuō	듣자니 ~이라 한다	10	一路平安	yílù píng'ān	가시는 길에 평안하길 바랍니다	7
痛快	tòngkuài	통쾌하다, 즐겁다	12	应该	yīnggāi	마땅히 ~해야 한다; ~할 것이다	8
头	tóu	머리	9	因为	yīnwèi	왜냐하면, ~때문에	8

一下	yíxià	시험 삼아 해보다, 좀 ~하다	4
一样	yíyàng	같다, 동일하다	2
一直	yìzhí	곧바로, 똑바로	11
又	yòu	또	8
右	yòu	오른쪽	3
右边	yòubiān	오른쪽, 우측	3
有点儿	yǒudiǎnr	조금, 약간	6
游客	yóukè	관광객	5
有名	yǒumíng	유명하다	12
有时候	yǒushíhou	어떤 때에는	2
雨	yǔ	비	8
远	yuǎn	멀다	10
运动	yùndòng	운동(하다)	2
预约	yùyuē	예약하다	10

Z

脏	zāng	더럽다	6
咱们	zánmen	우리(들)	12
早就	zǎojiù	벌써, 일찌감치	12
怎么	zěnme	어떻게, 어째서, 왜	4
张	zhāng	장(양사)	5
照片	zhàopiàn	사진	5
这个	zhège	이, 이것	1
这么	zhème	이러한, 이렇게	7
真	zhēn	정말; 진짜이다	4
正	zhèng	꼭; 마침	6
正在	zhèngzài	~하고 있는 중이다	4
阵雨	zhènyǔ	소나기	8
这儿	zhèr	여기, 이곳	5
支	zhī	자루(양사)	1
知道	zhīdao	알다	1
只	zhǐ	단지, 다만	9
只要…就…	zhǐyào…jiù…	~하기만 하면 곧~	5
中间	zhōngjiān	중간, 가운데	3
周末	zhōumò	주말	2
祝	zhù	축원하다, 축복하다	7
注意	zhùyì	주의하다	9
主意	zhǔyi	방법, 아이디어	1
自己	zìjǐ	자신, 스스로	9
资料	zīliào	자료	8
自行车	zìxíngchē	자전거	12
自由落体	zìyóuluòtǐ	자이로드롭	10
走	zǒu	걷다, 가다	5
最好	zuìhǎo	제일 좋기는	9
最后	zuìhòu	최후, 맨 마지막	6
坐	zuò	타다	4
座	zuò	산, 건물 등의 양사	3
左	zuǒ	왼쪽	3
足球	zúqiú	축구, 축구공	2

A

| 爱 | ài | 좋아하다, 사랑하다 | 13 |
| 爱好 | àihào | 취미 | 13 |

B

八	bā	팔, 여덟	1
爸爸	bàba	아빠, 아버지	2
吧	ba	권유, 제의 어기조사	7
白酒	báijiǔ	중국 백주	8
百	bǎi	백	11
半	bàn	반, 절반	7
包子	bāozi	고기만두, 야채만두	8
北京大学	Běijīng Dàxué	북경대학교	6
笔	bǐ	펜 등의 통칭	5
别的	biéde	다른 것	12
不	bù	아니다	1

C

菜	cài	채소, 요리, 음식	8
草莓	cǎoméi	딸기	12
茶	chá	차	7
常(常)	cháng(cháng)	자주, 항상	13
唱歌	chànggē	노래를 부르다	13
炒饭	chǎofàn	볶음밥	8
吃	chī	먹다	8
窗口	chuāngkǒu	창구	11
词典	cídiǎn	사전	5

D

大	dà	크다	1
大家	dàjiā	여러분, 모두	7
到	dào	~로 가다, 도착하다	11
德国	Déguó	독일	4
德文	Déwén	독일어	5
德语	Déyǔ	독일어	5
的	de	~의	3
等	děng	기다리다	11
第	dì	제, 서수에서 사용	10
弟弟	dìdi	남동생	2
地铁	dìtiě	지하철	14
地址	dìzhǐ	주소	10
点	diǎn	시(시간단위)	6
店	diàn	상점, 가게	12
电话	diànhuà	전화	10
电脑	diànnǎo	컴퓨터	13
电子	diànzǐ	전자	5
都	dōu	모두, 다	2
对	duì	맞다, 옳다	11
对不起	duìbuqǐ	미안하다, 죄송하다	14
对了	duìle	아참, 맞다	7
多少	duōshao	얼마, 몇	10
多	duō	많다	10

E

| 饿 | è | 배고프다 | 8 |
| 二 | èr | 이, 둘 | 2 |

F

法国	Fǎguó	프랑스	4
法文	Fǎwén	프랑스어	5
法语	Fǎyǔ	프랑스어	5
发音	fāyīn	발음	7
饭	fàn	밥, 식사	8
房间	fángjiān	방	10
分	fēn	분(시간단위)	7
附近	fùjìn	부근, 근처	10
釜山	Fǔshān	부산	10

G

高兴	gāoxìng	기쁘다	4
个	gè	개, 명(수량을 세는 단위)	1
哥哥	gēge	형, 오빠	2
歌曲	gēqǔ	노래	13
给	gěi	~에게; 주다	7, 11
公务员	gōngwùyuán	공무원	9
公司	gōngsī	회사	9
公寓	gōngyù	아파트	10
工作	gōngzuò	일하다, 직업	9
逛街	guàngjiē	거리 구경을 하다	14
逛	guàng	거리를 거닐다	14
贵	guì	귀하다; 비싸다	4, 12
国	guó	나라, 국가	4

H

还	hái	또, 아직도	12
韩币	hánbì	한국화폐	11
韩国	Hánguó	한국	4
韩文	Hánwén	한국어	5
韩语	Hányǔ	한국어	5
汉语	Hànyǔ	중국어	5
汉字	Hànzì	한자	7
好	hǎo	좋다	1
好吃	hǎochī	맛있다	12
好久	hǎojiǔ	오랫동안	14
号	hào	일, 날, 번, 번호	6, 10
号码	hàomǎ	번호	10
喝	hē	마시다	7
和	hé	~와/과	7
很	hěn	매우	1
后天	hòutiān	모레	14
欢迎	huānyíng	환영하다	7
换	huàn	바꾸다, 교환하다	11
回	huí	돌아가다(오다)	3
汇率	huìlǜ	환율	11

J

한자	병음	뜻	과
几	jǐ	몇	6
家	jiā	집, 가정	3
家庭主妇	jiātíng zhǔfù	가정주부	9
见	jiàn	만나다	6
角	jiǎo	돈의 단위(毛)	11
饺子	jiǎozi	만두, 교자	8
叫	jiào	~라고 부르다	4
教室	jiàoshì	교실	9
姐姐	jiějie	언니, 누나	5
介绍	jièshào	소개하다	7
斤	jīn	근(무게 단위)	12
今天	jīntiān	오늘	6
金英美	Jīn Yīngměi	김영미(사람이름)	4
进	jìn	들어오다	3
九	jiǔ	구, 아홉	3
橘	júzi	귤	12
觉得	juéde	~라고 느끼다	12

K

한자	병음	뜻	과
咖啡	kāfēi	커피	8
看	kàn	보다	11
可乐	kělè	콜라	13
可以	kěyǐ	~해도 된다, ~할 수 있다	14
空儿	kòngr	틈, 시간	13
口	kǒu	명(식구 세는 양사)	9
块	kuài	돈의 단위(元)	11

L

한자	병음	뜻	과
来	lái	오다	8
老板	lǎobǎn	사장님	12
老师	lǎoshī	선생님	2
了	le	조사(완료)	11
梨	lí	배	12
里	lǐ	안, 속	10
李	Lǐ	이씨(성씨)	5
两	liǎng	둘, 이	6
零	líng	영(숫자 0)	10
流行	liúxíng	유행하다	13
留学生	liúxuéshēng	유학생	7
六	liù	육, 여섯	3
楼	lóu	건물, 빌딩, 층	10

M

한자	병음	뜻	과
妈妈	māma	엄마, 어머니	2
吗	ma	의문어기조사	1
买	mǎi	사다	12
忙	máng	바쁘다	1
毛	máo	돈의 단위(角)	11
没关系	méiguānxi	괜찮다	14
没有	méiyǒu	없다	9
美国	Měiguó	미국	4
每天	měitiān	매일, 날마다	7
美元	měiyuán	달러	11
妹妹	mèimei	여동생	2
们	men	복수표시(사람)	2
明洞	Míngdòng	명동(지명)	14
明天	míngtiān	내일	6
名字	míngzi	이름	4

N

한자	병음	뜻	과
哪	nǎ	어느, 어떤	4
那	nà	그, 저	5
难	nán	어렵다	5
哪儿	nǎr	어디, 어느 곳	3
那儿	nàr	그곳, 저기	13
呢	ne	의문어기조사	4
你	nǐ	너, 당신	1
您	nín	당신(존칭)	3

O

한자	병음	뜻	과
欧元	ōuyuán	유로화	11

P

한자	병음	뜻	과
爬山	páshān	등산하다	13
盘	pán	접시	8
旁边	pángbiān	옆	10
泡菜	pàocài	김치	8
朋友	péngyou	친구	7
啤酒	píjiǔ	맥주	8
便宜	piányi	싸다	12
苹果	píngguǒ	사과	12

Q

한자	병음	뜻	과
七	qī	칠, 일곱	3
千	qiān	천	11
钱	qián	돈	11
清华大学	Qīnghuá Dàxué	청화대학교	6
请	qǐng	청하다	3
请问	qǐngwèn	실례합니다	4
去	qù	가다	3

R

한자	병음	뜻	과
人	rén	사람	4
人民币	rénmínbì	중국화폐	11
认识	rènshi	알다	4
日	rì	일, 날	6
日本	Rìběn	일본	4
日文	Rìwén	일본어	5
日语	Rìyǔ	일본어	5
日元	rìyuán	엔화	11

S

한자	병음	뜻	과
三	sān	삼, 셋	2

商店	shāngdiàn	상점	14			**X**		
上课	shàngkè	수업하다	9		西瓜	xīguā	수박	12
上网	shàngwǎng	인터넷하다	13		喜欢	xǐhuan	좋아하다	13
上午	shàngwǔ	오전	14		下次	xiàcì	다음 번, 다음	13
少	shǎo	적다	10		下午	xiàwǔ	오후	14
设计	shèjì	설계(하다), 디자인(하다)	9		先生	xiānsheng	선생, 남성에 대한 호칭	11
什么	shénme	무엇, 어떤, 무슨	4		现在	xiànzài	지금, 현재	6
身体	shēntǐ	몸, 신체	6		香蕉	xiāngjiāo	바나나	12
生日	shēngrì	생일	6		小	xiǎo	작다	3
十	shí	십, 열	2		小姐	xiǎojiě	아가씨, 여성에 대한 호칭	11
时候	shíhou	시간, ~할 때	13		写	xiě	글씨를 쓰다	10
时间	shíjiān	시간	14		谢谢	xièxie	감사합니다	11
事儿	shìr	일	14		信	xìn	편지	10
食堂	shítáng	식당	3		星期	xīngqī	주, 요일	6
是	shì	~이다	3		星期一	xīngqīyī	월요일	6
手机	shǒujī	핸드폰	5		星期二	xīngqī'èr	화요일	6
首尔	Shǒu'ěr	서울	10		星期三	xīngqīsān	수요일	6
书	shū	책	5		星期四	xīngqīsì	목요일	6
书店	shūdiàn	서점	6		星期五	xīngqīwǔ	금요일	6
数	shǔ	세다	11		星期六	xīngqīliù	토요일	6
谁	shuí	누구	5		星期天	xīngqītiān	일요일	6
水	shuǐ	물	8		星期日	xīngqīrì	일요일	6
水果	shuǐguǒ	과일	12		姓	xìng	성, 성씨	4
说	shuō	말하다	12		学生	xuésheng	학생	9
四	sì	사, 넷	2		学习	xuéxí	공부(하다), 배우다	7
宿舍	sùshè	기숙사	7		学校	xuéxiào	학교	3
		T					**Y**	
他	tā	그(남자)	1		要	yào	원하다, 필요하다, ~하려고하다	8, 11
她	tā	그녀(여자)	1		也	yě	~도	4
它	tā	그, 저(사물이나 동물)	1		一	yī	일	1
他们	tāmen	그들	2		医生	yīshēng	의사	9
太	tài	너무, 지나치게	1		医院	yīyuàn	병원	9
汤	tāng	탕, 국	8		一共	yígòng	모두, 합하여	12
糖醋肉	tángcùròu	탕수육	8		一会儿	yíhuìr	잠시, 잠깐	11
体育馆	tǐyùguǎn	체육관	13		一点儿	yìdiǎnr	조금, 약간	12
天	tiān	날, 일, 하늘	6		一起	yìqǐ	같이, 함께	8
甜	tián	달다	12		音乐	yīnyuè	음악	13
跳舞	tiàowǔ	춤을 추다	13		银行	yínháng	은행	11
听	tīng	듣다	13		英国	Yīngguó	영국	4
图书馆	túshūguǎn	도서관	3		英文	Yīngwén	영어	5
					英语	Yīngyǔ	영어	5
		W			用	yòng	쓰다, 사용하다	10
碗	wǎn	그릇, 사발	8		邮件	yóujiàn	우편물	10
万	wàn	만	11		邮局	yóujú	우체국	9
玩儿	wánr	놀다	13		游戏	yóuxì	게임	13
晚上	wǎnshang	저녁, 밤	14		游泳	yóuyǒng	수영(하다)	13
王	Wáng	왕씨(성씨)	4		有	yǒu	있다	9
网	wǎng	인터넷	13		有意思	yǒuyìsi	재미있다	13
网吧	wǎngbā	pc방, 인터넷 카페	13		又…又…	yòu...yòu...	한편(두개의 상황이 동시에 진행됨)	12
位	wèi	분(사람 세는 단위)	5		元	yuán	돈의 단위(块)	11
问	wèn	묻다	4		月	yuè	달, 월	6
我	wǒ	나, 저	1		运动	yùndòng	운동(하다)	13
五	wǔ	오, 다섯	1					

Z

杂志	zázhì	잡지	5
在	zài	~에 있다; ~에서	7, 8
再	zài	다시	12
再见	zàijiàn	안녕(헤어질 때)	3
早饭	zǎofàn	아침밥	13
早上	zǎoshang	아침	14
怎么样	zěnmeyang	어떠한가	14
炸酱面	zhájiàngmiàn	자장면	8
站	zhàn	역, 정거장	14
张东明	Zhāng Dōngmíng	장동명(사람이름)	5
找	zhǎo	거슬러주다	12
这	zhè	이(것)	3
职员	zhíyuán	직원	9
中国	Zhōngguó	중국	4
中国银行	Zhōngguó Yínháng	중국은행	11
中文	Zhōngwén	중국어	5
中午	zhōngwǔ	정오	8
主食	zhǔshí	주식	8
住	zhù	살다, 거주하다	10
专业	zhuānyè	전공	9
最近	zuìjìn	최근, 요즘	14
昨天	zuótiān	어제	6
坐	zuò	앉다	3
做	zuò	하다, 만들다	9
作业	zuòyè	숙제, 과제	3